극장의 역사

상상과 욕망의 시공간

차례
Contents

우리는 왜 극장에 가는가?

우리들의 놀이는 끝났다. 지금까지 연기한 배우들은 이미 말한 대로 모두가 요정들로서 공기 속으로, 엷은 공기 속으로 사라져 버렸다. 그리하여 땅 위에 기초가 없는 환상의 세계처럼, 구름에 닿는 탑들도, 호화찬란한 궁전도, 장엄한 대사원들도, 거대한 지구마저도, 그렇다. 지상에 존재하는 모든 것은 결국 지금 사라져간 환영들처럼 녹아 흘러 아무런 흔적도 뒤에 남기지 않는다.

― 「리처드 2세」 4막1장 148-156

언젠가부터 우리는 사건을 다루듯이 '일상'을 이야기하게 되었다. 스스로의 일상을 다루고자 하는 인간의 이 같은 행위

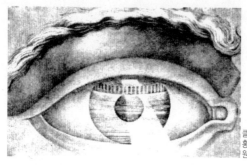

클로드 니콜라 르두,
홍채 속에 있는
원형 극장의 투시도

는 우리 삶의 단편적인 부분이나 순간을 보고자 하는 것이 아
니라 삶을 하나의 진행중인 과정으로 보고자 하는 것에서 비
롯된 것이다. 더구나 그것이 지금 우리에게 주제, 혹은 소재로
서 다루어진다는 것은 그 일상적 삶으로부터의 '일탈', 즉 '거
리 두기'를 의미한다. 우리의 삶에서 '거리 두기'는 보다 구체
적인 의미를 위해, 혹은 물리적인 현상을 위해 건축 공간이라
는 매체를 통해 표현된다. 도시에 구축된 여러 공간의 환경 중
에서도 여타의 건축물과는 다르게 실재하면서도 현재성과 사
실성을 자발적으로 상실하고자 하는 건축물이 있다. 그것이
바로 극장이다.

인간은 이 지구상에 처음 만들어지는 순간부터 본능적으로
지니고 있던 나약함을 스스로 보호하고 또 단련시키기 위해
주술적인 신비감을 도구처럼 곁에 두고 살아왔다. 바로 그 주
술적 바람이 '극(Drama)'으로 이어지게 되고 이를 재현하기 위
해서 장소적 성격이 적절하게 배어 있는 구축 형식이 강하게
요구되었던 것이다.

극장 건축의 정확하고도 원초적인 기원은 아무도 정확히 말할 수 없다. 단 기원전 6세기 후반 희랍의 비극 시인인 데스피스가 최초의 희곡상을 획득하면서 형식화된 극장의 필요성이 대두되었고, 그에 따라 최초의 극장이 된 것이 아테네의 '디오니소스 극장'이라는 기록이 남아 있기는 하다.

구체화된 극장이 처음 건설될 때 당시 희랍인들은 지금 우리가 겪는 '일탈과의 거리 두기'에 대해 똑같은 고민을 하였을 것이다. 극에서는 상상적인 진리와 현재적인 진리가 병립하는데, 극장은 이 둘 사이를 체험하게 하는 유일한 매체임과 동시에 상반된 성질을 지닌 이 두 진리 사이의 딜레마를 탐구 가능하게 해주는 수단이기도 하다. 극본 내의 원초적인 시간이 재현되는 것과 극의 인물을 통한 이미지를 현실화시키는 주체인 배우의 작업은 모두 무대를 중심으로 만들어진 극장, 즉 영역이 구체화된 건축 공간 속에서 가능해지고, 동 시간대의 현시를 위해서도 샤먼과 훈간(hungan)[1]의 이중적인 역할이 수행된다.

극작가이면서 배우인 데이비드 콜(David Cole)은 샤먼에서 훈간으로의 역할전환을 전향(rounding)이라는 어휘로 조금 어렵게 규정한다. 즉, 극은 우리의 과정적 삶 속에서 또 하나의 사건으로 발생되는 순간인 것이고, 이것을 담아내는 무대와 극장 건축은 바로 연속된 사건의 육화된 이미지인 것이다. 극은 상상적 진리를 물리적 현실로 체험하게 함으로써 우리 삶의 커다란 간극을 메워 준다. 이는 극의 극본이 지속적인 상상적 관계들의 세계이자 어느 때든 현존화될 수도 있는 세계라는 사실을 인정할 때만 가능해진다. 드라마(drama)는 그리스어로 '행동한다'의 뜻이며 씨어터(theater)는 '본다'라는 뜻이다. 이 두 가지의 개념, 즉 '한다'와 '본다'는 상호 보완작용을 하면서 다양한 형태의 극본과 공연, 대본과 무대, 배우와 작가, 창조와 해석, 이론과 실현, 텍스트와 무대 형상화뿐 아니라 극과 극장의 관계까지도 이미 설정해 놓고 있다. 우리가 극장으로 움직이는 것은 이미 우리의 현실 세계로부터의 일탈을 시도하는 것이자 허구적 상상의 세계로 위치이동을 하는 것이다. 극을 보는 것은 행동하는 모든 조건들 중에서도 가장 각별한 움직임이다. 나는 보고 있으면서도 지속적으로 장소 이동을 통하여 나의 영역을 견주어 보려 하기 때문이다.

드라마는 대사와 몸짓에 의하여 직접 표현된 행동 또는 서로 밀접하게 연결된 행동들의 표현이다. 드라마의 주제는 인간 의지의 행동과 그 반응이다. 인간의 의지는 사건의 연속으로서가 아니라, 원인과 결과의 필연적 연관성에 대한 어떤 관점에 의하여 다루어지게 되어 있다.[2] 우리는 그 관점을 보고 싶은 것이다. 따라서 극장 속에서 탄생되고, 완성된 공연 속에서 다시 그 모습을 드러내는 특성상 드라마를 극장과 분리해서 생각하는 일이란 불가능하다. 사람들이 위대한 극작가들의 거대한 작품들이라면 단 하나의 예외도 없이, 읽혀지기보다는 공연되기를 바라고 있는 것도 그 때문이다.[3]

그렇다면 우리는 왜 극장에 가는가?

오늘 밤뿐만 아니라 매일 밤, 사람들이 극－또는 변형된 의미의 영화－이 공연되는 극장에 가는 이유는 분명히 있을 것이다. 사뮤엘 셀던은 이에 대해 평범하지만 설득력 있는 세 가지 이유를 제시한다. 첫째, 기분전환을 위해, 둘째, 자극을 얻기 위해, 그리고 셋째로는 반드시 공통적이지는 않지만 무엇인가 더 알고자 하는 마음, 즉 교육을 받고자 하는 의도에서 사람들은 극장에 간다는 것이 그의 주장이다. 이런 모든 욕망은 바로 극장에서 이루어지고 가장 강하게 충족되기 때문에 사람들은 이 세상의 어느 건축보다도 매일 밤 극장으로 빨려 들어간다.

극장에서 인간의 근본적인 욕망은 인물, 스토리, 논평이라는 마법과도 같은 묘한 수단에 의해 이루어진다. 그러나 이 세 가지 요소가 극의 기본적인 요소임에도 불구하고, 이것만으로는 극의 매력을 지적하기에 부족함을 느끼고 관객들의 세 가지 욕망이 어떻게 이루어지는지도 쉽게 설명되지 않는다. 그렇다면 여기에 한 가지 부가되어야 할 것이 있다. 인물, 스토리, 논평을 효과적으로 제시하는 방법이 그것으로, 이는 곧 '무대 수단과 건축으로서의 극장 형식'이다.

지금의 우리는 극장에 가는 행위 그 자체보다는 극 속에 담겨있는 내용적 사실과 즉각적인 감흥을 즐기는 것으로 극과 극장의 요소를 축소하고 있다. 19세기 말부터 시작된 근대 극

운동과 함께 극장 형식의 다양한 변화로 인해 이후 현대의 다목적 극장(multi-Purpose theater) 및 가변형 극장(multi-Form theater)이라는 극장공간만의 원형적 형식과 극장건축만의 의식적인 사회성이 사라지는 듯하다. 물론 현대극이 담아내고 있는 형식문제에 대한 탈피와 인식적 세계의 초월문제가 동반

이야기의 공간. 짤츠브르크 극장. 1978

되고 있기 때문에 변형의 과정은 어찌 보면 당연한 것이기도 하다. 그래서 열린 극장(open theater), 상자 극장(black theater), 발견된 극장 (found theater space) 등의 건축적 가치를 도시적 문제로 풀어나가기가 점점 더 어려워지고 있다.

바그너 극장이 등장하기 이전, 즉 바로크 극장의 형식에서는 극장 건축이 지니는 도시적, 물리적 구성에 그 사회적 성격이 그대로 담겨 있었다. 관람자들은 극을 보는 것만큼이나 극을 보러 온 다른 사람을 구경하고자 하였으며 그들과 관계 맺는 것이 매우 중요한 목적으로 작용하였다. 지금까지도 오페라나 대형 공연장소 혹은 로비 공간과 팔키(Palchi)의 공간적 배분이 이런 목적을 강하게 반영하였다는 흔적으로 남아 있다.

에드워드 고든 크레이그(Edward Gordon Craig)는 그의 저서인 『연극예술론』에서 다음과 같이 정의한다.

> 극장 예술은 연기도 아니요, 희곡작품도 아니다. 또한 그것은 하나의 장면도 아니요, 춤도 아니다. 극장 예술은 모든 요소들이 종합되어 하나로 구성되는 것, 그 속에 존재한다. 행동은 연기의 핵심이고, 언어는 희곡의 몸체이다. 선과 색채는 무대 장면을 최고로 살릴 수 있는 요소이고, 리듬은 춤의 본질인 것이다.

이것은 과정적 삶의 총체성을 근거로 하여, 모든 상징적인 요소들이 그대로 극장이라는 공간 속으로 함축됨을 말한다. 그래서 살아 있는 사람들에 의해 무대 위에서 연기된 그 무엇이고, 극장이라는 공간 속에서 이루어지는 재현과 체현의 행동을 말하는 것이다.

더구나 현대 사회는 지속적으로 새로운 것을 추구하며 재미와 감성을 어떤 문화적 가치보다 우선시 하고 선호하는 공통적인 특성을 드러낸다. 일부 사회학에서는 이를 두고 P세대의 특징이라고 비유하기도 한다. P는 다음과 같은 속성의 머리글자를 두고 붙여진 이름이다. 즉, 참여의 Participation, 열정의 Passion, 그리고 사회 패러다임의 변화 주도를 말하는 Paradigm-shifter를 두고 만들어진 것이다.

그런데 이 단어들은 모두가 오히려 가장 보편적인 일상에

서 생성되는 적극적인 일탈과 연결된 것이라고 판단되며 일탈
은 다시 극장성(劇場性)의 요소가 삶에서 드러나는 단면이라
고 보여진다. 이렇게 일탈과 변화에 적극적인 시대와 세대는
지난 2~3년 사이에 기업의 마케팅 분석에서도 주체적인 세력
이자 특성으로 급부상하였다고 하고 이런 세대를 바탕으로 한
현대사회는 이전의 386세대의 사회의식과 X세대의 소비문화,
그리고 N세대의 개인적인 생활 방식 등이 모두 융합된 특성
으로 흔히 자유주의, 노마디즘의 유목성, 정보화, 풍요화 등의
특징을 지니고, 1990년대 이후 정치참여 확대, 해외 여행증가,
인터넷과 휴대폰의 폭발적인 보급으로 이어지며 경제적인 풍
요를 반영하게 만든다.

삶의 여유를 만드는 사고의 확대 중에서 가장 커다란 요소
로는 정보가 지니는 속성의 흐름과 다룸에 있다. 극을 포함해
서 현대의 문화 이동의 경로는 역시 일상적인 공간에서 더욱
쉽게 확인하게 되며 대중적인 공간에 대한 인식과 공간의 유
용 및 특성, 변화 등으로 이어지게 된다. 여전히 건축공간이
커뮤니티의 장소로 이해되어질 때 극장건축의 운영방식과 구
성은 시대를 초월하여 공간의 성격을 규정짓는 중요한 단서로
작용한다. 즉, 극장은 그 프로그램 성격이 다수를 대상으로 하
기 때문에 이에 따라 형성되는 공간은 대중들의 기호와 의도
가 내포되게 되어있으며 극장공간의 유형 및 구성방식은 희극
의 성격은 물론 사회적 커뮤니티의 방식을 반영하게 된다. 극
장의 공간이 형성되고 변천되어온 진화의 과정을 다시 살펴보

게 되는 것은 새로운 패러다임의 단면을 읽어내게 하는 다리가 되고 이를 위해 과거의 역사적 근거를 비교하여 공간의 운영 및 특성에서 차이점과 유사점을 살펴보게 되는 것은 지금이 시대의 경향을 진단하고 근 미래의 발전적인 모델에 대해서도 잠정적인 예상과 바람직한 모델의 결정을 위한 도구로 작용할 수 있게 한다.

극장 건축은 희곡, 연출, 연기술의 전통을 염두에 두고 설계되기 마련이다. 이와 같은 특성 때문에 극장 공간에서 어떤 면은 장려하고 또 다른 면은 북돋지 않는 경향이 있다. 그 예로 공연 성격의 차이만으로도 초기의 극장과 현대의 극장은 비교된다. 현대의 극장이 기술적인 부분이나 사실적인 세부 내용에 중점을 두고 관객의 상상력을 과거처럼 크게 요구하지 않는 반면, 과거의 극장에서 이루어진 극은 장치나 조명 효과에 덜 의존하고 여러 다양한 특성을 관객이 기꺼이 보완하여 생각할 수 있도록 하는 등 관객의 자발성에 대한 요구가 강하다. 연기에 있어서도 현대에는 재현적인 연기술, 즉 사실적이면서 자연적이어서 겉으로 보기에는 꾸밈이 없는 연기를 추구하는 반면에 초기의 연기는 제시적인 연기술로 연극조의 꾸밈이 강하고 지나친 세련됨이 요구되었다.

공연의 전 영역은 그 자체만으로도 관심의 대상이 되나 이것도 특정한 시기에 사용되었던 극장 건축의 분석을 통하여 그 자신을 나타내고 있다. 어떤 희곡 작가도 그 사람이 독서용 희곡 작가가 아닌 이상 극장의 가능성을 실질적으로 타진하지 않고 작품을 쓰지는 않을 것이고, 그가 대가이면 대가일수록 극이 올려질 극장의 공간 구성에 집중하며 그 가능성을 잘 포착할 것이다. 실제로 이것은 무대와 관객 사이의 물리적인 관계, 그리고 무대와 관객이 자리 잡고 있는 건축물의 구조적인 가능성에 의존한다고 본다.

일상을 비롯한 현재적 진리를 가장 잘 담고 있는 공간은 역시 주택이다. 그 시간적 흐름에 대응하는 가장 솔직한 모습이 그대로 담겨지기 때문이다. 그러나 우리는 그 일체화된 육체와 시간적 공간을 넘고 싶어 하고 그것은 극장이라는 현실의 가상 공간 속에서 해갈된다. 이제 우리의 건축 속에서 각별한 상징성을 함축적으로 담고 있는 극장의 모습을 다시 한 번 섬세하게 살펴보았으면 한다.

그리고 지금 우리는 그런 극장이 지어져 온 건설적 공간 형식과 그 변화의 틀이 궁금하다. 희랍 시대를 시작으로 한다 하더라도 그 진화 혹은 발전 모습은 어떻게 이어져 왔는가? 그들이 자신을 표현하고 바라던 모습은 무엇이었는가? 비록 서양의 흔적을 근거로 해서 살펴보겠지만, 고대와 중세 그리고 르네상스의 엄청난 변화를 거친 극장의 역사를 재고해 보도록 하자.

광기를 불어넣는 곳, 극장의 탄생 – 그리스 극장

"유이(Euoi)! 유이(Euoi)! 유이(Euoi)!……."

신도들은 손에, 바라와 피리 그리고 주신장을 들고 숲과 포도밭에서 술잔치를 벌이며 미친 듯이 노래를 부르고 춤을 추어댔다. "유이! 유이!" 이것은 키타이로 산에서 '마이나데스(미친 여자)'라 불리는 광적인 디오니소스의 신도들이 점차 황홀과 망아의 지경에 빠지면서 마음속의 온갖 한을 토해내듯 지르는 괴성들이자 그들만의 공식적인 암호였다.

원시 극장을 제외하고, 우리는 그리스의 극장을 '형식을 지닌 극장의 고전이자 원형'으로 인정한다.

우리가 그리스의 극장을 이해하기 위해서는 그것이 만들어

영웅의 비극을 위한 가면

진 배경을 살펴보지 않을 수 없다. 그것은 신화로부터 출발하게 되나 현실에서 부정하지 못하는 크고 중요한 부분이 있고 이것은 현존하는 극장건축에 정확하게 반영되어 있기 때문이다.

혼히 그리스인들의 정신 세계를 양분할 때 우리는 아폴론(Apollon)[4]과 디오니소스(Dionysos)를 비교하게 된다. 신들의 사랑과 축복 속에서 태어나고 자라 존경을 한 몸에 받던 아폴론은 그 이미지가 균형과 조화, 절제와 질서, 이성과 지식, 그리고 평안함으로 묘사되는 데 반해, 기껏해야 기원전 5세기경에야 유입되어 화로의 여신 헤스티아[5]를 대신해 올림포스의 12신 반열에 올랐던 디오니소스는 출생 과정부터 그 고통이 지독하고도 유별났다. 뒤늦게 등장한 디오니소스는 인간을 설명하며 그 내면에 자리하고 있는 본성을 표현하지 않을 수 없었기 때문이다. 즉, 그를 단순히 주신이라고만 할 수 없는 것은 이성과 지식만으로는 인간의 내면에 담겨있는 도취와 광란의 본능을 도저히 설명할 수 없기 때문이다.

디오니소스가 비록 뒤늦게 등장한 신이기는 하나 그는 가장 인간적인 본성과 동질성을 함축하고 있다. 아폴론적인 조형 예술의 절제와 균형의 미는 건축이라는 형식으로, 그리고 그 속에서 재현되는 시와 무형 예술에 담겨진 격정, 광기는 극의 내용과 극장이라는 형식으로 조화를 이루며 이후 서양 예술의 거의 전 분야에 걸쳐 고전의 일례를 형성한다. 특히 연극이라는 매체를 담아내는 극장은 그 본능이 갖는 디오니소스적 정신과 이성의 아폴론적 건축 조형 형식의 완벽한 조화 그 자체이다. 막과 장이 있고 합창단과 배우 그리고 클라이맥스가 있는 극의 구성은 건축이 지니는 부품과 요소, 물질과 공간이 만들어내는 텍토닉(tectonic)한 성격과 절대적인 연관성이 있는 것이다.

비록 같은 아버지 제우스로부터 만들어진 자식이어도 아폴론의 어머니는 레토라는 여신임에 반해 디오니소스의 어머니는 비극적 사건의 배경이 되는 도시 테베[6]의 인간이었다.[7] 더구나 디오니소스는 두 번 태어나는 기구한 운명[8]으로 이는 극이 상징하는 재현과 재생의 의미를 직접적으로 암시하고 있다. 그의 이름인 디오니소스는 그가 태어나고 자란 땅 니사의 제우스라는 뜻도 가지고 있으나 어머니가 둘이라는 뜻의 디오메트로스(Diometros)라는 별명, 포도주의 발명으로 '광기를 불어넣는 자'라는 뜻의 마이노미노스라는 명칭과도 통하는 데가 있다. 그는 그 이후에도 다시 헤라의 저주로 미치광이가 되어 방랑을 시작한다. 디오니소스는 방랑을 통해 포도주를 전파하며 소아시아, 페니키아, 이집트, 메소포타미아 그리고 페르시아를 거쳐 인도에까지 이른다. 거기서 그는 득도하고 다시 테베로 돌아와 숲에서 여신도를 중심으로 비교(秘教)를 이끌어 간다. 밤새 이루어지는 이 광란의 의식은 오르지아(Orgia)라

하고 이는 다시 혼음, 난교(orgy)의 어원이 된다. 이들은 산짐승을 날로 찢어먹었는데, 이것은 날고기가 디오니소스의 육체를 상징함과 동시에 두 번 태어나는 재생을 갈구하는 행위이기도 하다. 그러나 이 밀교는 국가·사회적으로 문제가 되어 당시 왕인 펜테우스[9]는 적극적인 조치를 취한다.

그러나 밀교의 문제성은 극한으로 치달아 이성을 잃은 여신도들과 그의 이모인 이노 그리고 어머니인 아가베조차 그를 잔인하게 살해한다. 아가베가 아들인 펜테우스의 두 팔을 찢어내고 직접 박살낸 머리를 들어 "우리가 이겼다! 영광은 우리 것이다!"라며 외치자 무리들은 그의 시신을 갈기갈기 찢어버린다. 물론 이 부분은 작가마다 그 내용에 조금씩 차이가 있는데, 그리스의 비극작가 에우리피데스는 이것이 너무 잔인하다 하여 수정·보완하기도 했다. 어쨌든 이쯤 되자 그리스인들은 이 밀교가 만들어낸 사회적 문제를 해결해야 했다.

트라키아[10] 땅에서 대지의 여신 레아[11]의 도움으로 디오니소스의 밀교는 새롭고도 신비로운 제례법을 배우게 되는데, 그것은 도취와 광기를 다스려 승화시키기 위해 만들어진 의식이었다. 이 의식에 참여하는 정령들로는 광란의 여신 마니아데스 외에도 얼굴은 인간이고 귀와 꼬리는 말, 다리는 산양인 사티로스(Satyros), 무용과 음악을 주제하는 목양신 판(Pan), 하천·호수·암벽·수목·구릉 등 자연의 정기를 받은 님프(Nymphe), 그리고 판과 님프 사이에서 태어났고 사티로스의 친구인 주색의 반수신 실레노이(Silenoi) 등의 추종자들이 있었다.[12]

유이, 유이... 그 섬뜩한 밀교의 망령들에 대한 대안이 바로 의식축제이며 이것은 극과 극장을 탄생시켰다. 기원전 5세기경, 시민들과 디오니소스는 일 년에 두 번 축제를 열고 그동안 인간이 갖는 본능적 욕구를 해소하는 정식절차를 가진다는 것에 타협하였는데, 그 축제

전령을 위한 가면

의 이름이 바로 '디오니소스 대축제'[13]이다. 이 축제에서는 이전의 모든 행위들이 이행되었지만, 재생을 상징하는 '산짐승 찢어먹기' 제례만큼은 금지되었다. 그러나 인간에게는 재생을 위한 그 아쉬움을 대신할 방법이 요구되었다. 그래서 극이 만들어지고 이것이 그 아쉬움을 만족시키게 되어 본격적인 연극이 시작되었다. 즉, 처절한 내용의 드라마는 관객들에게 대리만족을 느끼게 하였고 이는 곧 카타르시스의 시작을 의미한다. 이로써 그리스인들은 비극[14]경연 대회를 열게 되고 이것은 오늘날 연극 형식의 기초가 된다.

비극을 주로 하였던 연극은 인간 내면에 자리한 격정과 광기를 발산하며 곧 예술의 영역으로 인정받고 이에 대해 앞서 논한 경쟁자 아폴론의 예술적 다스림과 합의점을 찾아 극장이 만들어진다. 즉, 건축으로의 공간이 갖는 조형적 형식의 이성적 구도를 아폴론이 구축하였다면 그것에 내용을 담는 작업은 디오니소스가 담당하였다는 것이다.

흉내와 이야기는 극장의 형식을 만들고

이런 디오니소스의 축제로부터 비롯된 의식을 흉내(imitatio)
와 이야기(narratio)로 전환시킨 것이 극(drama)이 된다. 이것을
관중들에게 보여주기 위해서는 특별한 장소가 요구되었다. 판
-아테나이아 축제를 창설했던 페이시스트라토스(Peisistratos)
시대(기원전 561~527년)에는 순회 극단의 일행을 마차에 싣고
다녔다.

그리스 최초의 비극 배우 테스피스(Thespis)는 시장의 기능을
같이하던 아고라(Agora)의 노천 무대에서 극을 상연한 바 있다.
(기원전 534년) 이 무대의 관객석은 도공 소포로스(Sopholos)의
그림에 근거한 것처럼 단순단형의 목구조 형식이었다. 이 목
조의 관객석은 70회 올림피아 경기 때 아크로폴리스 언덕 위
북서쪽으로 옮겨져 기원전 5세기 초기까지 개장하다 다시 동남
쪽 경사진 디오니소스 성역으로 다시 옮겨진다. 그 구조의 가
장 기본적인 형식은 자연적인 경사지를 이용한 것으로, 자연석
을 좌석으로 삼는다. 관객석은 반원형의 카베나(cavena) 단형이
고, 디아조마(diazoma)라는 동심원 통로와 클리마케스(klimakes)
라는 방사상도로가 만들어져 있으며 관객석의 최상부는 아르
카도모스(arkadomos)라는 열주랑으로 둘러싸여 있다.

무대는 휴식하며 옷을 갈아입고 준비하기 위한 곳인 스케
네(skene)와 본 무대인 오케스트라(ochestra)로 나뉜다. 이 무대
와 최하단의 객석 사이에는 프로헤드리아(prohedria)라는 경계

울타리가 만들어진다. 이로써 본격적인 극장의 공간구성이 그 형식을 갖추게 되었다. 이것은 지속적으로 발전되어 객석에 쿠니 타입(cuni-type), 커브(curb) 등을 붙이고 섬세한 장식도 추가로 새겨진다.

무대실인 스케네에서도 분장실 등 세부 기능들이 나누어진다. 음향적인 고려를 위해서는 3–4층의 높이로 단을 높이기도 하고 객석을 이용한 공중무대장치도 시도되었다. 고정 무대 장치인 스케네는 이후 에트루리아 극장에서처럼 다양한 입체효과를 위해 후퇴식 2단으로 설계되어 일층부를 프로스케네(proskene)라 하여 전면 무대를 두고, 이층부를 로제이온(logeion)이라 하여 노대식 무대를 설치하였다.15) 때로는 스케네의 평면을 ㄷ자 형으로 하는 배면 경사의 목조 지붕이 르네상스 이후에 등장하는 프로세니엄 무대의 기원을 보여주기도 한다.

극장의 규모

디오니소스 성역에 본격적인 석조 건축을 시작한 최초의 건축가는 리쿠르고스(Lykrugos)로 그 시기는 기원전 4세기경이었다. 그는 아폴론이 갖고 있던 절제와 조화를 원칙으로 스케네, 오케스트라 그리고 관객석이라는 3개부를 각각의 성격이 강하게 유지되면서도 전체가 하나의 완벽한 기능체가 되게끔 구성하였다. 여기서 잠시, 규모로나 그 원형적 틀로 그리스를 대표하는 디오니소스 극장과 에피다우로스(Epidauros, 기원전

350년) 극장을 살펴보도록 한다.

디오니소스 극장

곡물을 말리거나 타작하는 장소로도 사용하였던 원형 무대 오케스트라는 직경이 10m에 이르며 대리석으로 만들어졌다. 관객석은 3단으로 1단까지의 반경은 20m, 3단 최종열까지는 42.5m에 이른다. 통로는 전반 1단은 14조, 2~3단은 28조이고 객석의 열수는 1단 13열, 2단과 3단이 각 27열과 13열로, 2~3단의 일부 경사지형에 맞추어진 부분까지 포함하면 수용 인원이 무려 18,000명에 이르는 최대급이다. 무대의 부속실은 길이25m, 너비5m이고 후면 열주랑의 것은 같은 너비에 길이 가 32m에 이른다. 이 극장은 역사적으로 페리클레스[16]의 동생인 하르모디오스(Harmodios)가 기원전 513년에 암살당한 곳 이기도 하다.

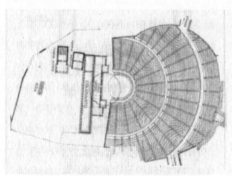

디오니소스 극장

에피다우로스 극장

디오니소스 극장이 아테네의 지형과 지세에 온전히 적응하는 극장이라면 에피다우로스 극장은 뮈케네 문화권에 속하는 극장이다. 이 극장은 아테네 문명의 전성기인 페리클레스 시대(기원전 460~427년)에 건설된 가장 완벽한 기하학과 균형을 보여주는 극장으로, 아름다움에서도 최고로 거론되는 것이다.

1881년에야 다시 복원된 이 극장이 세워진 땅은 히에론(Hieron)성역으로 이곳에는 의술의 신 아스클레피오스(Asklepios)의 신전과 병원, 체육관(gymnasio), 역도경기장(palestra) 그리고 선수 공중욕장(thermaeon)이 함께 건설되었다. 건축가는 폴리클레이토스(Polykleitos)이고 준공된 시기는 기원전 340년으로 이 무렵은 마케도니아의 침공이 있어 일면 불안한 시기였으나, 흔들림 없이 이 극장의 건설을 완성한 에피다우로스인들의 기백이 느껴지기도 한다.

이곳이 디오니소스 극장과 구별되는 점은 제전적 의미가 비교적 감소된, 순수예술 감상의 장소였다는 데 있다. 원형 무대의 직경은 20m에 달하고 이중의 동심원 통로는 외각부를 정확하게 구분해주고 있다. 그 직경의 총 길이는 129m에 이른다. 객석 전반부는 13조의 방사형 통로, 후반부는 24개의 통로로 이루어져 있고 수용인원은 15,000-17,000명에 이른다.

극장평면에 숨은 뜻은?

부채꼴 모양의 그리스 극장은 지세로 인한 형성 동기도 있으나 평면 형상이 무대의 중심점을 넘는 230도 내외의 각을 이루며 객석이 만들어진다. 이 형태는 광장에서 누군가 이야기를 시작할 때 그를 중심으로 청중이 모여 둘러싸는 인파의 형태와 매우 유사하다. 때문에 시각적 불편함이 다소 있으나 그리스 극장에서는 어느 위치에 있어도 중심 공간과 객석의 배치가 자연스럽다.

극장의 무대가 현대에 비해 매우 낮은 것에는 여러 가지 이유가 있다. 그리스 극장에서의 무대는 비록 소품실과 단순한 준비실에 불과했기 때문이었을 수도 있겠지만, 극장이 대개 산의 정상부에 신전과 함께 배치되어 있었음에 우리는 주목해야 한다. 그리스인들은 일상적인 생활에서 하루의 일과를 오

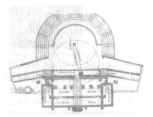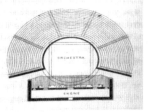

에리트리아 극장(왼쪽)과 페르메소 극장(오른쪽)

전 중에 모두 마치고 점심 식사 후에는 충분한 수면을 취한
후, 오후 느지감치 아고라나 스토아에 나가 담론을 즐긴다. 그
내용은 자유로운 상업 활동과 상식적 토론, 지식의 교환 등으
로 매우 일상적이지만, 때로는 심도 있는 철학에까지도 이르
게 된다. 이것이 깊이를 더하고 나면 그들은 그 결론을 위해
극장에 오르게 된다.

석양이 질 때 즈음이면 관객은 낮은 무대를 넘어 산 아래
본인들이 살고 있는 마을의 경관을 무대의 배경으로 하며 배
우를 보게 되고, 매개체인 극과 배우에 자신을 반영시켜 본다.
이것은 자생적으로 각자의 삶을 깨우치고 가치를 발견하여 내
재된 질의 단계를 높이는 문화 행위의 기본이 되고, 신과 인간
의 문제에 대하여 오케스트라의 중앙에 서있는 배우의 몸을
통해 제례의 의미를 반영하는 것이기도 하다.

여기서 우리는 에피다우로스의 오케스트라가 스케네[17]의
전면에 접선처럼 맞닿아 있는 것을 유심히 볼 필요가 있다. 원
과 접선은 한 점에서만 만나는데 이 한 점은 바로 신과 인간
이 제사장을 통해 만날 수 있는 유일한 통로이고, 이 접점에서

원초적 시간(Illud tempus)[18]의 영원한 수평면은 한 점으로 돌아오는 기초도형인 원형(오케스트라)으로 인간의 일상적 삶과 잠시 접한다. 이 순간이 바로 이미지가 배우의 육체를 통해 가시화되는 순간이다.

이처럼 그리스 무대의 형태는 그 자체로서 연극적 사건의 구조를 제시하는 일종의 표의문자가 된다. 더하여 이 접점 바로 위에 배치된 중앙문과 그 양쪽에 배치된 문은 모두 3개로 원초적 시간이 이 세상에 유입되는 입구(portal)의 성격을 갖는다. 신화적 '그 때'를 주기적으로 재현시키는 제의와 마찬가지로, 극은 극본 속의 세계와 이미지를 무대상에 현현시키는 것이다. 그 상상적 진리를 현재적 진리로 만들어주는 접점에서 우리는 그 무한한 신비로움을 느낄 수 있다.

대형극장과 그 물리적 극복

　15,000명에서 18,000명을 수용하는 극장에서 관객들이 기계적인 도움을 전혀 받지 않고 편안한 관람이 가능했던 이유는 무엇이었을까? 객석이 무대 중심에서 무려 60m 이상 떨어져있는데 그리스인은 그 환경에서의 시각적, 음향적인 문제를 무엇으로 지혜롭게 풀어갔을까?

　그리스 극장을 방문해보면 무대의 중심인 오케스트라에서 간단한 실험이 가능하다. 동전 하나를 대리석 바닥에 떨어뜨리면 그 소리를 객석의 가장 먼 곳에서도 들을 수 있다. 이것으로 우리는 음이 전달하는 소리의 각도와 객석이 만들어내는 공간의 각도가 적절하게 이루어졌음을 알 수 있다. 음향의 효과를 위해서 고정 장치인 무대실과 스케네는 그 소리의 반사 효과를 돕고, 기존의 유적에서는 발견하기 어려우나 비투르비우스의 기록에 의하면 객석에 놓인 좌석 하부에 항아리를 심어두어 음향의 공명 현상을 줄이기도 하였다 한다. 또한 배우의 성격과 음성을 잘 전달하기 위해 당시에는 일반적으로 과장된 표정과 입을 가진 가면을 사용하였다. 특히 소리의 전달을 위해 가면들은 모두 나팔 형상의 커다랗고 긴 입을 갖고 있고 그에 따른 표정 역시 과장되어 있다. 이는 원거리에서도 배우의 성격과 의도를 잘 전달하기 위함이었으리라.

극장에서 상연된 희곡

기원전 6세기 전반기까지는 테스피스처럼 1인극인 판토마임(pantomimos)이 그리스 드라마의 주를 이루었으나 그보다 1세기 후에는 2-3인의 대화극인 트라지코스(tragikos)가 주류를 이루고 아이스킬로스(Aeschylos) 등이 비극전문작가로 출현한다. 그리고 그 후로도 1세기가 지난 다음에야 희극작가인 아리스토파네스(Aristophanes)가 등장한다. 이것은 당시 그리스인들의 기호에 맞추어 사티리코스(satyrikos, 희극)와 코미코스(komikos, 해학극)로 전환되어 디시람비코스(주신찬가)의 합창과 무용이 병행되기에 이른다.

당시에도 극장에 입장하기 위해서는 입장권이 필요했다. 물론 입장은 노예를 제외한 모든 그리스인들에게 자유롭게 허용되었는데 이것은 단순한 극장 출입 이상의 가치를 갖고 있었다. 이는 곧 정치 인사급과 영웅들 그리고 국가 공훈자, 올림픽의 우승자 등과 함께 그리스 시민으로의 자격을 부여받음을 말해주는 매우 영예스러운 행위이기 때문이었다. 이들은 극장

그리스 꽃병의
인물들

에서 인생의 불행함과 비참함 등을 소재로 파멸, 패배, 고난, 비애, 승화 등을 읊으며 생의 진실을 이해하였다. 희극은 펠레폰네소스 전쟁의 패전으로 인해 아테네인들의 기백이 약해지고 진지함이 사라지는 시점에 등장한다.

아크로폴리스에 올린 기도

오 고결함이여, 꾸밈없고 진실한 아름다움이여! 여신이여, 당신을 숭배하는 것은 이성과 지혜의 숭배이며 당신의 신전은 의식과 참됨의 교훈. 나는 이제야 비로소 신비로운 당신의 세계 앞에 이르렀습니다. 이제 당신의 제단 위에 나의 회한을 바칩니다. 당신을 발견하기까지 그 동안 나는 무한한 탐구를 해야 했습니다. 당신이 아테네인에게 전수해준 비전은 그저 미소만 띠고 있을 뿐이어서 나는 그것을 얻으려고 오랫동안 피나는 노력을 하고 숙고했습니다.

이 글은 19세기 프랑스 작가 에르네 르낭(Ernest Renan)이 아테네를 처음 방문하고 그 감동을 적은 기도문이다. 이상적인 미에 대한 그리스인의 찬양은 우리가 두고두고 알아가야할 숨겨진 진리이기도 하다. 니체는 그리스 문명에서 엄숙하고 절제된 것과 광적이고 자유로운 것, 즉 아폴론의 정신과 디오니소스의 정신을 동시에 보았다. 그리스의 극장과 극은 아폴론과 디오니소스의 절대적인 결합 속에서 이루어졌고 이는

곧 우리 인간 속에 내재하는 양성이기도 하다. 그리고 극장은
이 둘이 하나의 전체를 이루는 과정이며 물리적 실체로 드러
나는 유일한 결과물이기도 하다.

제발 정도를 잃지 말고 신을 존경할지니……
　　　　　－에우리피데스, 「바쿠스 신의 여사제들」 중에서

도시로 간 극장 — 로마 극장

로마!

상상 속에만 있다고 하여도, 그 이름 하나만으로도 가슴이 벅차오른다. 우리는 어렵지 않게 그 규모와 깊이, 그리고 그 찬란함과 영광을 잔상으로 그릴 수 있다. 세상에는 여러 가지 불가사의가 있으나 로마는 도시 전체가 하나의 경이로움 그 자체다. 영원의 도시 로마! 수 세기에 걸쳐 수없이 파괴되고 땅 속으로 묻히면서도 로마는 결코 완전히 사라지지 않았다.

카이로나 아테네에는 옛 것이 있다. 파리나 런던에 가면 근세 이후의 문화재를 볼 수는 있어도 고대와 중세기의 문화를 지속적으로 발견하기가 그리 쉽지는 않다. 그러나 로마에 가

로마 극장의 무대(왼쪽), 아스펜도 극장의 재현(오른쪽)

면 고대에서 지금의 현재에 이르기까지의 연속선상에 있는 문화의 틀을 확인할 수 있고 아마도 그것이 미래에까지 이어지리라는 확신을 하는 것은 그리 어렵지가 않다. 그래서 로마에서는 근대 이후는 물론 바로크를 포함한 근세조차 너무 젊은 나이로 간주된다. 이러한 것들은 오히려 지금의 이탈리아인들로 하여금 현대 건축을 논함에 있어 지나치리만큼 진지하게 만들고, 그들의 선형적 역사 속에서 현대의 비중을 상대적으로 축소하여 읽게 만드는 경향이 존재하는 이유를 단적으로나마 이해할 수 있게 한다. 그래서 로마라는 역사의 시간은 언제나 제한적이지 않다. 분명 로마는 인간이 만들 수 있는 지적이고 정치적이고 예술적인 모든 경우의 수를 동시에 지니고 있는, 그래서 인간 삶의 본성적인 수도임에 분명하다. 그렇기 때문에 로마를 통한 것은 거의 모든 분야에서 지금까지도 원형의 모델로 제시되고 있다.

　로마는 기원전 8세기 중엽[19] 철기시대의 한 오두막 마을에서 양치기와 농부들이 7개의 언덕을 기반으로 정착하면서 시

로마 극장의 외관

작된 이후 무려 1,200여 년 동안 250여 명의 통치자가 바뀌면서 이루어졌다. 로마제국의 확장은 권력에 굶주린 사람들에게 좋은 기회를 제공하여 주었다. 그러나 그들의 이기심은 어렵게 만들어진 민주주의를 결국 붕괴시켰다. 독재자 카이사르(Julius Caesar)와 아우구스투스(Augustus)로 불리는 그의 양자 옥타비아누스(Octavianus)는 로마의 첫 황제[20]가 된다. 이때 예수가 탄생하고 그 후 4세기가 지나야 비로소 기독교가 탄생한다. 서구 문화사에서 기독교가 만들어낸 중요도를 고려할 때, 그 탄생의 배경에 로마가 있었고 그 도시의 혼돈 중에 문화가 태어났다는 것은 매우 시사적이다.

도시로 본 그리스와 로마의 차이

사람들은 로마가 끝났기 때문에 고대 역사가 끝나고 중세가 시작되었는지, 아니면 중세가 시작되었기 때문에 고대 역사가 끝났는지를 종종 묻는다. 이에 대한 답은 그리 쉽지 않다. 그러나 중요한 것은 고대가 더 이상 지속할 수 있는 생명력을 상실했고 신흥 종교였던 기독교가 새로운 중세기를 만들 만한 충분한 영적인 힘을 내포하고 있었다는 것이다. 그리스로부터 이어져 온 로마 극장 문화의 전이 과정을 서술하기 전에 미리 전제해야 할 사항이 있다. 아테네가 철학과 예술을 인간의 근본적 욕구의 중심에 놓아 정신적으로는 망할 수 없는 도시였음에 비해 로마는 이후 시간적인 연속성을 유지했음에도 불구하고 절대 권력과 제도의 나라였다. 그러므로 그 중심적 논리로 보았을 때 도시로서의 로마는 망할 수밖에 없었다. 그리스가 정신을 만든 국가라면 로마는 문명을 만든 국가였다. 로마 최후의 비운의 철학자 보에티우스[21]는 스스로 『철학의 위안』에서 "나의 철학적 신념이 죽음을 극복할 수 있는가?"를 묻는다. 그는 문명이라는 도시 속에서 물질과 정신의 문제를 고민한 것이다.

로마는 그리스로부터 많은 문명을 전수받고 발전시켰다. 그러나 아테네를 능가할 고유한 정신적 유산을 소유하진 못했기 때문에 철학적 측면에서도 이 시대의 철학을 '로마'의 철학이 아닌, '헬레니즘과 로마'의 철학이라 부른다. 그리스의 문화가 지배한 세계를 헬레니즘 사회라고 본다면 로마는 그 연장에 불과하다고 보기 때문이다.

로마 극장에서의 희극

그리스의 극장이 비극의 탄생과 밀접한 관계성을 갖고 있음을, 그리고 그리스가 몰락하는 과정에서야 희극이 출현하는 것을 우리는 전술에서 보았다. 이러한 비극과 희극의 배경을 보면 삶의 관심이 정신적 세계관에서 물질적 세계관으로 옮겨 졌음을 볼 수 있다. 로마인들은 순 극장 이외에도 전차 경주, 마술 경기, 격투기, 창검투기, 그리고 야수들과의 격투기 등의 살벌한 유행에 젖어 있었다. 그리고 이런 것들은 로마 극장의 무대에서 극으로 전환되어 기마술, 검투기 등이 극의 소재로 연출되었다. 때문에 이 시기에는 인간의 내면을 깊이 통찰하여 표현하는 진실한 비극이 아닌, 그저 낄낄대고 웃어버리는, 천박하고 허무한 해학극을 상연하는 것이 상례가 되어버렸는데, 그 뒤에는 수도 없이 많은 정치적 음모와 패권다툼의 진미가 뒤섞여 있었다.

미셸 꼬뱅(Michel Corvin)의 『희극읽기』를 보면 다음과 같은 말이 있다.

우스꽝스러움, 공상, 환상 – 이 세 가지는 모두 웃음을 유발하는 것이다. 이때의 우스꽝스러움은 본디 공상·환상보다 더한 것이 없는 것이다. 어떤 희극이든 그 종류로는 관중에 의한 희극, 그리고 관중을 위한 희극 두 가지만이 있을 뿐이다. 그래서 비극의 주인공은 빈 객석 앞에서 홀로 죽을 수도 있지만 희극의 인물은 자기 자신을 웃길 수가 없기 때문에 극장 안에서 다른 이들, 즉 우리를 위해서만 우습게 존재할 수 있는 것이다.

산에서 불려 내려온 극장

기원전 346년 로마에 최초의 극장이 건설된다. 비록 로마의 극장은 그리스의 그것을 모델로 한 것이기는 하나, 그리스 극장과는 달리 시민들이 거주하는 도시 한가운데에 건설되었다. 즉, 극장은 이제 언덕 위에서 신과의 접점을 만들어주거나 생활로부터 떨어져 해탈의 경지를 통한 자아확인을 위한 것이 아니고 보다 밀접하게 시민들의 삶 속에서 서로 부딪히는 삶으로 다가온 것이다. 이것은 극장이 이전처럼 지역적 자연 경관을 보다 중시하고 신과 이야기하기 위한 장치로서 신전들과 가까이 배치되기보다는 편평한 지면 위에서 도시적 구조에 적응하며 건설되기를 의도적으로 요구한 것이다. 당시의 로마는 공화정 시대로 기원전 210년경에 이미 로마시의 인구가 50만이 넘어서고 있었고, 제국시대로 이어지면서 드넓은 국토를 소유하게 되어 이런 시민들을 통치하기 위해서는 특별한 물리적인 장치가 요구되었던 것이다. 산에서 내려온 극장은 로마인들의 도시 개념과 자연과의 관계 및 신에 대한 사고방식에 있어서 그리스와 그 차이가 뚜렷하다.

높고 길어진 무대

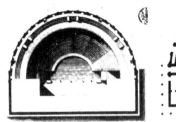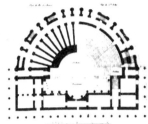

로마 극장의 기본 유형(왼쪽), 폼페이의 에르꼴라노 극장(오른쪽)

로마인들은 그리스인들과는 달리 인간을 지나치게 이상화하지 않고, 현실을 사실적으로 묘사하기 시작했다. 로마의 한 대리석 초상을 보면 그리스 조각과는 달리 거칠고 거대한 인생의 고통이 무수히 긋고 간 주름살과 험한 인상을 미화하지 않고 있는 그대로 보여주려 한다는 것을 알 수 있다. 현실적인 그들이 실제의 사건과 사실을 크게 기념하는 모습은 개선문이나 기면 열주에서도 볼 수 있다. 그리스의 극장에서는 관객들이 자기의 자리에서 공연에 참여했을 뿐만 아니라 주변 경관을 동시에 경험했고 인간과 자연의 가시적인 전체 우주는 하나의 조용한 질서로 함께 나타났다. 그리스의 극에서 연기자들은 적극적이고 조형적인 모습들이었음에 비해 배경의 역할을 한 비교적 소극적인 무대 공간은 그 높이를 의도적으로라도 낮추어야만 했다.

반면 로마 극장은 무대 공간 자체만으로도 매우 적극적인 공간이었다. 척박한 돌산에서 비옥한 평지로의 도시로 내려온 극장은 자연의 경사지를 이용한 것이 아니고 편평한 바닥에 인공의 급경사를 이룬 것으로, 좌석의 열과 높은 쉐나 프론테(scena fronte)[22]는 강한 내부 공간의 느낌을 만들어낸다. 그리스 극장처럼 언덕 위에서 무대 너머로 보이는 그들의 거주공간을 객석에서 일정한 거리감을 갖고 가상의 투명 무대 막에 투사하여 받아들이는 방법론이 도시의 한복판에서는 불가능했다. 무대를 낮춘다면 가까이 있는 도시의 단편적인 모습이 직접 극장 내부로 혼재되어 들어오기 때문이다. 이런 공간에서 연기자들은 오히려 마음대로 연기하지 못했고, 관객들도 극에 집중하기 어려웠을 것이다.

그래서 로마 극장 무대의 폭은 관객 맞은편의 좁은 무대에로 한정되었는데, 그것들은 마치 부조처럼 보였다. 공간적 구조를 좀더 유심히 살펴보면 관중들과 함께 무대와 연기자들은 강한 축선으로 이어져 하나의 지배적인 공간에서 매우 의존적인 형태를 이루었다. 무대의 배경인 높은 쉐나 프론테의 중심이자 주 출입구의 상부에는 권위적인 조각상이 놓였고 그것의 맞은편인 관중들의 상부에는 종종 소규모의 신전이 배치되었다. 그러므로 무대 공간과 객석 공간이 만드는 선형적 중심축선은 연기자의 연기가 포괄적인 체계를 이루게 되고, 극장 건축은 이러한 체계를 구현하는 실제 행위들의 표현 도구가 되었다.

한편 이것은 기능적인 분화를 바라는 로마인들의 일반적인 욕구를 나타내는 것이기도 하다. 그리스보다 로마에 와서 오더(order)의 사용도 매우 분화되어서 그 사용법에 있어서 많은 규칙들이 만들어진다. 그리고 오더의 분화적 사용은 나아가 중첩의 원리를 사용하기 시작하는 시발점이 된다.

엔지니어들의 극장

조형에 있어서 그리스인들이 조각의 거장들이라면 로마는 위대한 엔지니어들이라 말할 수 있다. 해방노예 출신으로 그리스 고전 극본을 라틴어로 번역한 안드로니쿠스(Andronicus)는 로마인 사회에 비극을 소개하였고, 포에니 전쟁을 주제로 로마인에게 감동을 준 나에비우스(Naevius)는 사회를 비판적 시각으로 보는 역할을 부여하기도 한다.

이것은 극의 형식과 내용을 크게 변하게 하였다. 특히 합창부의 역할이 막간의 휴게 시간 동안에만 나타나게 되므로 빈도 상 오케스트라는 반원형으로 축소되고 그리스 극장과 같은 스케네 양쪽의 통로는 사라진 대신 행정관과 원로원들을 위한 좌석들이 배치되었다. 황제의 연단, 즉 특별석은 측면의 출입구를 위해 만들어졌다. 반원형의 계단 층 열은 회랑으로 둘러지고 잡석 쌓기 식의 볼트 기술로 지지되는 갤러리를 포함하며, 보미토리오(Vomitoria)[23])를 위해 계단들이 따로 놓여졌다.

무대의 벽은 반원형의 평면에 맞닿아 같은 높이로 높여진 모서리까지 확대되었고, 그 위에는 고정적인 로마시대의 거리

를 나타내는 장치가 구성되어
있다. 이것은 영구적으로 도시
내 궁전의 입면을 모방하여 장
식적으로 화려하게 꾸며졌다.
프로세니엄(proscenium)은 휘장
들로 장식되고 피벗(pivot)방식
의 축으로 이루어진 프리즘 기
둥이 설치되어, 각 연기의 시
작 부분에서 내려지고 극의 끝
부분에서 다시 올려지는 커튼
에 의해 숨겨졌다. 이것은 이

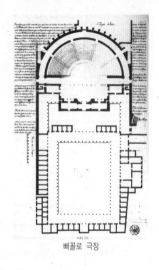

삐꼴로 극장

후 무려 10세기 후에나 나타나는 프로세니엄 무대법의 기초가
된다. 극장 전체는 때때로 벨라리움(Velarium)[24]이라는 천막으
로 덮이고, 이로써 옥외 극장은 실내 극장으로 바뀌게 된다.

이처럼 로마 극장에서는 성격의 전환이 매우 자유롭고 동
적이며 적극적이다. 이것은 철저한 기술적 연구와 실험이 없
이는 불가능한 것으로 그 기저에는 합리적 사고가 내재한다.
이후 르네상스에 이르러 본격적으로 구축된 실내 극장이 만들
어지기까지는 무려 1,500년 이상의 긴 시간이 흐르고 나서이
다. 르네상스의 옥내 극장은 철저하게 로마 극장의 실내 공연
이 만들어내는 장점을 수용한 것이다. 또한 거대한 아치들과
로마의 세 가지 오더들로 이루어진 극장 외부의 입면에 의해
로마 극장의 공간은 도시의 가로 공간으로부터 자연스럽게 분

리되었다. 물론 도시 공간에서 접근하는 극장의 정면성은 상대적으로 강조될 수도 있으나 극장 공간론적으로 볼 때 이러한 폐쇄성에는 첫째, 거대한 하나의 기계로서 혹은 제도로서의 도시가 지니고 있는 정치적인 이유가 크게 작용한 것이 사실이고, 둘째는 로마라는 비옥하되 평면적인 지형 구조가 절대적이었다.

계획 도시에서는 극장이 정치적인 도구였다?

유럽의 전 지역에서는 로마에 의해 새로운 도시가 정복되거나 계획되기 시작하면 그들만의 도시 구축 언어인 중심도로 카르도(cardo)와 데쿠마누스(decumanus)를 기반으로 그 지역의 계약적 도시가 만들어낼 형세가 결정되었다. 그 중심에는 로마 광장인 포룸(Forum)이 자리 잡고, 일정한 장비를 갖춘 도시의 블럭에는 전면도로와 후면도로의 개념이 구체적으로 적용되는, 원칙적이고도 합리적인 방법으로 이루어진다. 그리고 그 카르도나 데쿠마누스의 한 켠에 반드시 자리 잡고 있는 로마극장이 도시의 구색을 맞추고 완성시킨다. 화려한 로마가 아닌, 분화된 로마식 도시에서도 광장과 함께 극장이 고려되지 않은 도면은 없다. 즉, 도시라는 타이틀의 이름에 극장의 요소는 필수적인 요소였던 것이다. 이런 도시화 과정과 함께 형성된 로마 극장은 근본적으로 전체적인 도시 조직의 일원으로 그 구성적 요소가 매우 치밀하지만 동시에 매우 폐쇄적인 구조를 띠고 있다.

로마 극장의 폐쇄성은 상기한 대로 지형적 이유 외에도 거대한 제국을 이끌어가기 위한 정치적 목적을 수반하고 있었다. 관람자가 경관을 통한 자의적 해석을 용납하기보다는 폐쇄된 무대에 의해 정치적인 성향으로 극장이 이용되었고 극의 성격에서도 제신적인 면보다는 유희적 측면이 강조된다. 이는 통치 제일 법칙이다. 단적으로 그리스에서는 무대이자 제단이었던 오케스트라가 로마에 와서는 그 규모가 반으로 줄어들고 자연을 담던 투명 무대는 가려졌다. 무대 벽에 의해 관객과 자연은 철저하게 차단되었고 무대 벽은 장식적인 내용을 담으려 했으나 주입되는 방향성으로 관객의 해석적 의지와 실존적 자아 사이의 폭이 매우 좁혀졌다고 볼 수 있다.

근본적으로 로마에서 극은 하나의 오락이자 구경거리였다. 이는 그리스의 무대에는 '신에 대한 경건한 의식'의 의미가 있었기 때문에 출연과 출장이 명예롭게 여겨졌으나, 로마에서는 황제 네로가 무대에 섰다가 비난을 받은 경우와 비교할 수 있다(배우를 천한 직업으로 여겼던 경향의 시작은 이때부터였던 것이다.). 이런 배경에서는 계획 도시의 규모가 당시로는 상상할 수도 없이 엄청난 것이었기 때문에 이를 통치하고 운영하는 보조적인 장치가 반드시 필요했던 것을 이해할 수 있다.

마르첼루스(Marcellus) 극장[25]

로마 극장은 전 유럽의 로마 점령지마다 수도 없이 많은 사례를 남기며 건설되었다.[26] 여기서는 그 규모면이나 위치의 상징적인 면에서 로마 중심에서도 대표적인 마르첼루스 극장에 대해 살펴보기로 한다.

이 극장은 카이사르가 기원전 46년에 착공시켰다가 미완성 상태에서 그가 암살당하고 제2차 3두정 때 아그리파(Agripa)가 옥타비아누스의 명으로 기원전 33년에 완성하였다. 수용 규모는 12,000여 명으로, 규모면에서는 최대급이다. 3층 조인 이 노천극장의 외관은 로지아(loggia)의 연속 아치와 아치 사이의 반원주 기둥, 그리고 각 계단 외부의 코니스(cornice)로 구성되었다. 이상의 3가지 요소는 로마 건축을 이해하는 데 가장 중요한 요소로, 여타의 건축물에서 규범적으로 사용되었고 이후 르네상스에까지도 연결되었다.

각 층마다의 반원주는 층별로 그 오더의 형태가 변화되어 복층 건축의 층간 개념을 확립하고 건축의 규모가 확대됨에 따른 새로운 공간의 질서를 규정하려 하였다. 각 층별 기둥 및 스케일은 1층 도리아, 2층은 이오니아, 3층은 코린트 형식으로 전체적인 볼륨을 하나의 정확한 질서로 완성시켜 총체적이고도 객체적인 조화[27]가 매우 섬세하게 이루어져 있다. 이렇게 완벽한 기하학은 원형 경기장의 대표격인 콜로세움(서기 82년 건설)에서도 동일한 수법으로 나타나는데 이는 이미 이것이 당시의 문법으로 자리하고 있음을 말한다.

이 두 가지 경우의 공통점은―특히 콜로세움의 경우는―아치를 이루는 기둥의 간격이 단 몇 인치만 넓어져도 기하학적인 특성상 정원 아치[28]가 갖고 있는 전체적인 비례가 높이의 변형에 의해 그 균형과 리듬 면에서 깨지기 때문에 그 완벽한 비례를 만들지 못했을 것이라는 점이다. 더하여 그 치수에 대한 건설의 치밀한 공사 수준과 단면을 통해 확인되는 콘크리트 기법과 조적 기술은 현대의 그것에 비추어 보았을 때 가히 기적적이라고 할 수 있다. 장식적 측면에서 보이는 아치공간과 조각상의 위치에서는 철저한 구조적 공간 속에 합리적인 장식이 선택되는 '대조미'와 '율동감'을 로마인적 수법, 즉 그들만의 기질로 잘 드러내고 있다. 이것은 다양한 지역의 특성을 모두 수용하고 시대를 초월할 수 있는 대안으로 근대의 국제주의적 양식의 적용과 유사하다. 로마는 이미 인간이 가질 수 있는 최선의 합리성과 공통된 미적 기준들로 그리스가 말하는 정신적 우주성과는 달리 물질적 통합의 원리를 발견하고 규정지었던 것이다.

언덕을 이용하던 자연 순응형 극장은 이제 도시 속에서 적극적으로 삶을 담아내고 조율하려는 그릇의 형태로 바뀌어 3층의 객석과 무대의 높이는 같아졌다. 옥타비아누스는 그의 누이를 위해 설계에서 당연히 지정된 특별석과 옥타비아의 사회 활동 및 문예애호가들의 집회를 위해 총 270개의 기둥으로 이루어진 '포르티코 디 옥타비아'(Portico di Octavia)와 쥬피터 쥬노의 2대 '신전'을 포함하여 건설하였다. 이 포르티코와 신전은 공연과 관람 공간을 담는 주 극장 공간과 함께 로마극장의 3대 필수 요소에 해당한다.[29]

전면에 거대한 무대가 형성되면서 무대실에는 목조로 지붕[30]을 만들고 후면을 기울게 하여 관객이 최대한의 음향 효과를 즐길 수 있도록 하였다.

로마의 극장 아닌 극장들

로마는 새로 세워진 제국의 법과 질서를 유지하고 시민들을 관리하기 위해 전형적인 로마 극장 이외에도 음악당(odeon), 경기장(stadium), 원형 투기장(arena) 등 변형적 모습의 극장들도 세웠다.

특히 오데온은 그 문학적 성격에서 극장과 유사하다. 제국이 끝난 후에도 음악당인 오데온은 대중 연설조의 암송이 특징적인, 문자 그대로 '새로운 장르의 극 작업'으로 전이된다. 오데온이라는 말의 고대형은 오이데이(Oidei)로 노래 부름을 뜻하고 영어의 'ode'와 그 어원이 같다. 전차 경기장을 비롯한 각종 경기장들, 그리고 원형 극장(amphitheater)이라 불리우는 투기장, 전차경기장 등도 역시 모두 극장의 성격을 띠면서 분화되어 있는 것을 볼 수 있다. 특히 원형 극장은 지금도 유럽의 많은 도시에서 오페라 상연 등으로 활발히 사용되고 있다.

이 모든 극장들은 로마가 멸망하자 그 화려함에도 불구하고 무려 1,000년 동안이나 인간 세계에서 사라진다. 이것은 두 가지를 시사하는데, 하나는 로마 부패의 상징인 극장을 이후 기독교적 중세사회에서 법으로 엄격히 금지하며 멀리 하였다는 것, 그리고 둘째는 법적인 금지가 완화된 상태에서도 긴 시간 동안 새로운 모델 제시가 어려웠다는 점이 그것이다. 즉, 이미 로마에서는 가능한 모든 극장의 실험과 가능성이 제시되었고, 그 원리적 법칙이 확고히 정리되었기도 하다는 뜻이다.

상징하는 은유에서 상상하는 의식으로

무수한 신화를 배경으로 탄생된 그리스 극장은 아폴론과 디오니소스의 엄격한 절제와 광적인 자유로움 사이에서 빚어진 것으로 이 둘 사이에서는 철저한 균형 감각이 유지되어 왔다. 역사는 문명과 전쟁을 동시에 진행시키지만 그 문화의 흐름을 역행시킬 수는 없다. 따라서 극장의 모습이 그리스에서 로마로 전이되면서 인간들은 사회적, 정치적 적응의 과정을 통해 상징과 은유를 읽어내는 즐거움에 그치지 않고 상상과 실험에 더 관심을 갖게 된다는 것이다. 그것은 인간이 선험적 자아 대신 절대적인 상상력에 더 비중을 두고 있기 때문이기도 하고, 원형보다는 본능에 가까운 본질(eidos)에 더 충실하며, 인식에 의한 상관주관성보다 상상에 의한 통주관성에 더 끌리는 이유이기도 하다. 이것은 변환의 과정에서 추출되는 고전(essence로의 classic)에 대한 최초의 좋은 사례가 된다.

그리스에 루크레티우스(Lucretius), 키케로(Cicero), 세네카(Seneca) 그리고 타키투스(Tacitus)가 있었다면, 로마에는 실천이 있었다.

인간의 정치성을 배경으로 태어난 로마의 극장은 그 시간의 무게만큼이나 인간의 본성과 도시적 질서의 원리를 담아내며 발전하였다. 극장을 통해 본 로마에서 우리는 이제 로마라는 단지 역사 속의 사건이나 물리적 실체만

로마 신희극의 배우들

이 아닌, 도시의 인간이 품어오던 모든 갈등을 비추어 볼 수 있을 것이다. 그 가려진 뒷모습을 마치 고고학자가 소중하게 들추어내듯 발견할 때, 우리는 그들이 모든 것에서 지금의 우리와 너무나도 유사하였다는 사실에 놀랄 것이다. 4세기에 로마는 지금의 우리와 같이 건강, 다이어트, 운동에 미쳐 있었다. 그들은 교회나 도서관, 사원보다 목욕탕, 헬스클럽, 그리고 다양한 프로그램의 극장에서 더 많은 시간을 보냈다. 그들은 체면을 앞세우고 소비에 탐닉했으며 여행, 뉴스, 오락에 더 열광했다. 로마 말기의 모든 극은 망상극이었고 실제의 삶보다 환상에 더 집착했다. 자만심, 허영, 명성, 탐욕 등 이 모든 것은 지금의 우리에게서도 배제하기 어렵다. 우리는 로마 이후에도 많은 것을 만들고 발전한 것 같지만 2,000년이 지난 지금도 그 때와 그 차이가 없음을 다시 발견하게 될 때 보다 신중해진다.

"로마는 호수다. 서양 문명은 로마로 흘러들었으며 그곳에서 다시 흘러 나왔다. 로마를 시간 앞에 다시 불러 세운 사람들이 보내는 찬탄과 안타까움……." 이것은 끌로드 모아띠(C. Moatti)가 로마에 대한 기록과 증언에서 시작한 말이다.

로마 극장의 그 쓸쓸함을 통해 로마의 그 시간이 말해주는 깊이는 영원히 지속될 것이다.

묘지와 극장 그리고 광장 — 중세 극장

무기를 만드는 사람이나 벽화를 그리는 사람이나 모두 동일한 작업을 하는 것이다. 그것은 오직 인간만이 할 수 있는 미래의 예상, 즉 현재 있는 것에서부터 무엇이 나올지를 추론하고 있는 것이다.

— 제이콥 브로노우스키

도시 전체가 곧 하나의 극장

보이는 것에서 보이지 않는 것을 끌어낼 수 있는 능력은 신이 인간에게 부여한 가장 큰 축복이자 인간만이 누릴 수 있는 가장 위대하고 감동스러운 에너지였다.

중세에 극장은 죽었었다. 그러나 그 영혼은 여전히 숨 쉬고 있었다. 그래서 중세의 극장을 이야기하는 것은 중세에 일반적이었던 건축의 가치와 중요도를 이해하는 것에서 시작해야 한다. 즉, 중세가 문화적 암흑기였음과 동시에 충만한 실험성의 시대였다고 전제할 때만 중세의 극장의 흐름에 대해 이야기하는 것이 가능하다. 적어도 중세에는 이전에 우리가 알던 물리적 형식으로의 극장이 모두 부서졌었다. 그 자세한 사회적 정황을 좀더 알기 위해 잠시 당시의 몇 가지 통계적 기록을 보면, 멸망 전 2~3세기 동안 로마의 거주 인구는 무려 약 100만 이상에까지 달했다. 지금도 인구 100만 이상의 도시는 대도시에 해당되는데 하물며 2,000년 전에는 상상 이상으로 화려하고 발전된 조직이었다 할 수 있다.

그러나 서기 550년경에는 그 도시의 거주자가 기껏해야 5만 명에도 미치지 못하였다. 100만이 운영되는, 즉 같은 장소에서 생산과 놀이가 공존하고 삶과 휴식이 어우러져있던 도시에서는 공연을 보기 위해 극장으로 몰려가고 시장에서는 거래와 활기가 이어져있고, 광장에서는 토론과 철학이 넘쳐나던 곳에서 인간이 만들어내는 문명과 문화가 축적되고 형성되었던 그 곳에서 단 5만의 인구만이 남아있다는 것은 죽음의 도시이자, 폐허 그 자체만을 의미하게 되는 엄청난 변화를 겪었다는 것을 의미한다. 당시 대부분의 도시는 그렇게 변화되어 버렸다.

로마의 멸망은 그렇게 많은 것을, 아니 모든 것을 거꾸로

산 파올로 교회에 새겨진 묘지장식

돌려놓았다. 로마의 발전은 아마도 신의 시기심을 불러 일으
켰는지도 모르겠다. 삶은 계속되었지만 끊임없이 전쟁이 일어
나고 사회적으로 의료 혜택의 단절로 대부분의 도시는 처참하
게 변화되었고 그 인구는 줄어들었다. 야만인들이 저지른 대
규모의 파괴로 말미암아 집, 사원, 교회, 시장, 법원 등의 기념
비적이고 예술적인 가치를 지닌 공공건물과 분수, 하수 시설,
수도교 등과 같은 첨단의 인프라 구조물들 역시 급격히 무너
져갔다. 따라서 가축도 줄고 경작 면적도 줄어들었다. 아이들
을 교육시킬 장소나 교사는 물론 자료와 책들도 거의 다 소실
되었는데, 사실 이것은 대격변의 시기에 제일 먼저 행해진 일
이기도 했다. 즉, 유럽은 그 이후로 다시는 단일의 강력한 중
앙 도시에 의해 통치되어 하나의 언어로 말하고 하나의 통일
된 법률에 복종하는 단일 문화를 창조하거나 그 성과를 누리
는 일이 없어진 것이다. 아마도 유럽은 이제 더 이상 예전과
같이 될 수는 없을 것이다.

인간의 역사가 깊어질수록 시대의 흐름이 가지는 순환적 코드의 주기는 당연히 점진적으로 짧아진다. 즉, 르네상스 이전까지와 이후가 가지는 문화 변혁의 차이는 급격히 벌어졌음을 느낄 수 있다. 이는 움츠려 있던 에너지의 순간적인 폭발과도 비유된다. 더구나 양식사에서 말하는 매너리즘과 바로크 이후의 변화는 거의 급진적이라는 표현도 가능하다. 그래서 중세와 르네상스의 차이를 정리하며 상대적으로 르네상스를 근대의 시효로 보기도 하나보다.

그러나 한편으로, 이러한 중세의 시기가 매우 지리하고 어두워 보임에도 불구하고 일견 흥미로운 사실들은 무궁무진하게 많다. 이전의 계획 도시와 같은 개념은 모두 사라지고 미래가 쉽게 간파되지는 않지만 관음증 같은 호기심, 그리고 자폐적이지만 내제된 자율성이 충분히 녹아 있었다. 특히 건축에서의 중세는 가장 다양한 양식적 변화가 복합적으로 이루어진 시기라고 생각된다. 즉, 초기 그리스도교 건축, 비잔틴 건축, 로마네스크 건축, 나아가 고딕 건축과 일부에서 이루어진 사라센 건축의 교류에까지 그 장소와 시간을 복합적인 구조로 서로 교차하며 시대를 이어오고 있다. 중세는 그렇게 모든 구조가 드러나지 않음에도 불구하고 보이지 않는 불확정적인 네트워킹이 성공적으로 운용되던 시기였다. 그 속에서도 특히 고딕은 지역 간의 갈등과 수용 방식에 있어 차이가 있었음에도 불구하고 신학이라는 이름의 과학이 성립할 수 있었다. 그들은 분명히 신을 연구하며 세상을 대하였고, 그 신학이라는 과학에 대한 확신이 있었다. 과학을 신비롭게 다스리고 종교를 과학적으로 풀어가던 시대, 그 시대에 이미 도시 전체는 하나의 극장을 만들어간 것이다.

누구나 도시 속에서는 배우가 되고 개인의 존재는 도시 사회를 배경으로 극장의 일부를 만들어 간다. 그래서 그 도시 속에 사는 사람들은 보이는 것에서 보이지 않는 것을 볼 수 있게 된다.

중세 도시는 영원히 반복되는 세기말의 가상 공간이었는가?

그래서 중세에는 극장이 있기도 했고 또 없기도 했다.

여기서는 왜 극장이 있기도 하고 없기도 한지를 아는 것이 중요하다. 즉, 우리가 알고 있던 물리적으로 구체화된 건축물로의 극장은 무려 일천 년 동안 단 한 건도 건설되거나 존재하지 않았다. 그러나 어떤 시각에서는 이 시대를 온통 극장의 시대라고 할 수도 있다.

고대가 자연과 철학의 시대였다면 중세는 신과 인간의 시대였다. 고대가 로고스와 이성이 지배하는 시대라면, 중세에는 섭리와 신앙이 지배적이었다. 즉, 자연, 물질, 육체의 비중은 점점 약해졌고, 세상의 논리가 실권으로 좌우되던 세상에서 교리가 세상에 군림하는 시대로 화한 것이다. 이제 그리스의 문화와 언어는 라틴어와 기독교 문화로 대체되었다. 중세 최대의 사상가로 거론되는 아우구스티누스(Augustinus, 354~430)

의 『고백론』으로부터 시작되어, 완성자인 토마스 아퀴나스 (Thomas Aquinas, 1225~1274)에까지 이르도록 많은 사상가들, 즉 아비세나(Avicenna, 980~1037), 아벨라르(Pierre Abelard, 1079~1142), 베르나르두스(Bernardus Claravallensis, 1091~1153), 아베로에스(Averroes, 1126~1198) 등등의 영향력은 극장이 만들어지지 않게 하는 원인이기도 하다. 서로 간의 이견도 있었으나 통칭 그들에게 공통적인 중심은 바로 인간관이었다.

고대에는 인간을 자연의 한 부분으로 생각하여 영과 육의 구별이 큰 문제가 아니었다. 그러나 중세에 인간의 영은 신에 속한 것이고 육체는 자연의 물질에 속하는 것으로 여겨져 육의 길은 곧 타락이자 죄의 가능성을 내포하는 것이라 하여 거부되었다. 즉, 온 일상과 가치관이 영과 신에게로 향하는 과정이라면 도시는 실재하면서도 내세와 공존하며 운행되는 가상의 공간이 되었던 것이다. 이것은 극장으로의 기본 조건을 원칙적으로 받아들이고 있는 것이라 할 수 있고, 따라서 원하지 않더라도 세기말로 향하던 시기였던 중세의 도시는 극적인 삶의 연속이었을 것이다.

하루살이 극장(Teatro Effimero), 매일 매일 태어나고 사라지는

거리에서, 광장에서, 마당에서……. 도시 공간의 어디에서나 가능했던 중세의 극은 널빤지와 동시 극무대로 표현된다. 중세의 보이지 않는 극장의 문화는 서기 500년경에서 시작해 무려 1,000년간의 기나긴 기간 동안 이루어졌다. 정확히 476년 로마의 멸망을 계기로 모든 사회는 교회 중심으로 형성되었고, 당연히 그 이전의 문화 및 예술은 오로지 비판의 대상만이 되었다. 교회는 로마의 극을 오락의 대상으로 보고, 도덕적으로도 타락하여 서민들에게 악영향을 준다고 판단하여 극을 공식적으로 이단시, 즉 극 자체를 불법으로 선언하였다. 이 시대는 이른바 극의 암흑기로서 고전과 고대문화의 전통이 말살되어 10세기까지 연극은 거의 흔적조차 없었으나, 그 뒤 교회의 미사행사에서 싹텄다고 간주되는 종교극이 발전해 중세연극의 주류를 형성하기에 이르렀다.

중세 최초의 텍스트는 수사적 형태에서 시작되었다. 비록 교회의 예배 기도문으로부터 이끌어졌을지라도 수도승과 성직자들과 같은 작가들은 거리의 음유시인들과 어릿광대들이 흥거운 구경꾼들 앞에서 연기하는 동안에도 신약성서나 성인들의 삶, 그리고 역사적 전설 등에서부터 감흥을 받아 작업을 했다. 처음 교회 내부에서 시작된 종교극은 점차 세속화되어 가면서 신·구약 성서의 내용을 소재로 한 신비극(mystery plays), 그리스도를 주제로 한 수난극, 성자의 행적을 다룬 기적극(miracle plays), 그리고 중세말기에 이르러서는 우의적 교훈극인 도덕극(morality plays) 외에도 소극인 어릿광대극(farces)과 풍자극(satires), 목가극 혹은 전원극(pastorals) 등등으로 다양하게 대중들 사이를 파고들었다.

11세기에 극은 교회의 제단(altar) 앞이나, 본당 회중석(nave)

에서 공연되었고 때로는 교회의 안마당이 그대로 극장이 되기도 하였다. 나중에는 공연이 공공 광장에서 이루어지면서 일부 시설이 일시적으로 마련되기도 하였다. 이 일시적인 시설물은 극을 위한 최소한의 요소였고, 때로는 거대하게 조립되기도 하였으나 고정된 형식의 무대가 아니고 수시로 변형되는 가변적인 특성을 갖고 있었다. 당시 이탈리아인들은 이를 두고 하루살이 극장(Teatro Effimero)이라는 표현을 쓰기도 하였다. 그들은 매일매일 새로 태어나고 또 죽는다.

묘지와 극장, 그리고 샤먼에서 훈간으로

하루살이 극장의 무대는 페이전트(pageant)라고 하는 꽃수레 형식의 플랫폼이나 움직이는 카트 위에서 조립식으로 세워졌고, 만시옹(mansions)이라는 가설 구조물을 이용해 시내의 풍경이나 집, 천국과 지옥, 그리고 임보(천국과 지옥의 사이) 등을 상징적으로 표현하였다. 당시의 도판 기록을 자세히 살펴보면 가설 무대의 기본 입면구성과 형식, 그리고 장식 등에서 보이는 조형의 틀이 그들의 전통적인 묘비석 형태와 많은 점에서 유사함을 알 수 있다.

이것은 단순히 당시의 무대와 묘지의 외형적 관계만을 말하는 것이 아니다. 물리적인 공간으로의 극장이 원칙적으로는 제한을 받고 있더라도 그들에게는 여전히 재현과 체현의 장소가 필요했던 것이다. 영을 불러 다시 혼을 불어넣는 의식의 장소, 주술적 신비감으로 공간화되는 장소, 시간과 공간의 간극을 이어주고 미래를 상상하게 하는 회상과 예견의 장소 등등 이런 어휘들은 모두 극장과 묘지에 공통적으로 적용되는 것들이다. 지금도 대표적인 유럽 묘지의 모델은 역으로 중세의 가설극장 형식을 직접, 간접으로 사용한다. 윌슨(F. Wilson)에 따르면

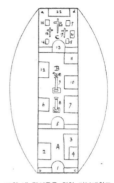

교회 내 만시옹을 위한 기본계획도

일본의 노(노가쿠, 能樂) 무대에서도 그 일반적인 배경이 되는 묘지나 사당은 인간의 현실과 다른 종류의 현실이 접하는 교차점이고 연극 공연의 장소와 밀접한 유사성을 갖는다고 한다. 더구나 서구의 경우는 묘지 건축이 이후 르네상스의 무대 발전에 절대적인 영향을 미쳤다는 근거가 있고 노무대의 경우에서도 이러한 상관성이 단지 허구적인 것이라며 무시할 수만은 없는 것이다. 중세 묘지의 조각들은 통상적으로 죽은 이가 새로운 삶으로 태어나는 부활의 순간을 묘사하고 있다. 연극의 공연도 꼭 이와 마찬가지여서 오랫동안 잠재해온 삶, 즉 이미지의 삶이 갑자기 부활하며, 배우의 육체 안에서 현존성이 성취되는 순간이라 할 수 있다. 노 무대의 관행이 은폐된 것을 드러내는 것처럼 중세의 연극은 무덤에서의 환영인 것이다.

여기서 잠시 커비(E.T. Kirby)의 '샤먼의식 기원설'을 떠올리면서 데이비드 콜의 논리를 들여다보자.

묘지 내에 기록된 연극

그는 연극의 핵심을 연기에 두며 몇 가지를 지적한다. 첫째는 연극의 인식에 관한 문제로 상상적 진리와 현재적 진리의 체험이고, 둘째는 모방이 연극의 핵심이라는 인식에 대한 거부로 그는 오히려 대상의 결과가 분열되어 부재함을 지시한다. 셋째로는 극본 내의 원초적인 시간과 이미지를 현존하는 주체인 배우의 작업에 관한 통찰로, 이는 배우가 극본 속의 이미지를 현시하기 위해 신들리는 과정에서 만들어진 샤먼과 훈간(Hungan)31)의 이중적인 역할을 수행하게 된다. 그는 이를 두고 샤먼에서 훈간으로의 역할 전환, 즉 '전향(Rounding)'이라는 표현으로 어휘를 규정하는데, 이 순간은 바로 연극이 비로소 또 하나의 사건으로 발생하는 때이기도 하다. 중략하고 여섯째로는 무대수단들의 신성현현적 가능성을 모색하고 자연주의 무대기법의 발생과 관련한 역설의 논리가 있다.

이렇게 무대와 친해진 중세의 극은 교회 내에서 움트고 다시 거리로, 도시로 나가게 된다.

거리의 극장(Il Teatro di Strada)에서는 어떤 일이?

"거리에서 일어난 일이 아니면 그것은 모두 다 가짜다." 이 말은 헨리 밀러의 말이다. 그는 그의 영웅들이 역사책 속의 나폴레옹이 아니고 어린 시절, 자기의 코피를 터뜨린 브루클린 14구의 불량소년들이었다고 고백한다.

중세의 연극과 극장은 이와 유사한 방식으로 탄생한다. 거리에서 시작된 중세 연극과 극장은 다시 일상의 생활을 떠나 이야기될 수 없다. 극장을 대신한 연극의 각 장면은 꽃수레에 장치하고, 이른바 병렬무대로 거리를 누비기도 하였다. 즉, 수레였던 페이전트는 가두 야외극의 무대였던 것이다. 이때의 극은 광장에서 거리로, 그리고 귀족의 연회장소나 여관집 앞마당 같은 지정된 장소로 옮겨졌다. 관중들은 땅바닥이나 나

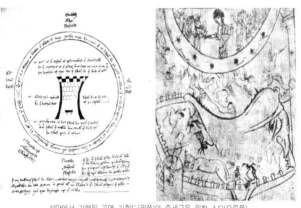

성안에서 거행될 공연 기획도(왼쪽)와 중세극을 위한 소묘(오른쪽)

무비계로 만든 관객석에 앉았고, 보다 특권 있는 사람들을 위한 좌석은 박스로 구분되었다.

공연들은 노래와 음악 그리고 시로 이루어졌다. 비극, 희극 등의 색다른 장르는 혼합되었으며 연기는 한쪽 끝 연단에서부터 다른 쪽까지의 장소를 동시에 점유한다. 이

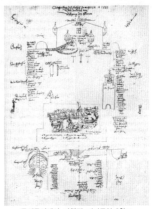
루체른시에서 거행된 거리공연계획도

것은 극의 성격이 고전주의에서 탈피해 감정(Emotion)과 본능(Instinct)을 중요시하는 낭만주의로 전환하고 있음을 암시하고 있는 것이다. 이를 니콜(Allardyce Nicoll)은 그의 저서에서 내재적 감성 추출을 위해 각 장면들의 중립화를 요구하는 미장센(mise-en scene)과 연결시키고 있다.

우리는 중세에 극장이 존재하지 않았다고 인식해 왔다. 물론 물리적인 틀의 극장은 사회적 규정에 의해 건설될 수 없었다. 그러나 극의 형식은 오히려 발전되었으며, 극 상연의 공간은 폐쇄·한정된 곳만이 아니라 도시 전체를 그 배경으로 사용할 수 있었다. 이는 서민들이 극을 보다 가까이 하게 되는 계기가 되었고, 특히 피렌체를 중심으로 형성된 토스카나 지방들의 도시국가들, 즉 시에나(Siena), 피스토이아(Pistoia), 루카(Lucca), 스폴렛토(Spoletto) 등에서는 광장(piazza)과 가로가 공

동체의 중심 역할을 수행함에 있어서 필수 불가결의 요소가 되어 있었는데, 이것은 동시에 극장이 되기도 하였다. 메디치 가문의 결혼식 등 수많은 행사들도 거리의 극장을 통해 이루어졌다.

한편 이런 형상을 통해, 무대가 낮아 배경에 삶의 모습이 투영되는 일부 그리스 고전극장의 취지가 이어져 옴을 알 수 있고, 이후 르네상스와 바로크 극장의 무대 막에서 다시 도시 광장과 가로의 모습이 그려짐에서도 도시 공간과 극장 건축과의 연관성을 확인할 수 있다. 즉, 중세의 극장은 고전과 르네상스 극장 문화 사이에서 다리 역할을 하였으며, 도시 공간, 즉 삶의 공간 내에서 극장의 장소적 성격을 확인하게 한다.

도시는 스스로 확장되고 채워진다

오뱅(Aubin)의 이 말처럼 이탈리아의 많은 도시들은 연속성을 유지하고 있었다. 서양의 건축 문화를 시간적으로 재고할 때 일천 년의 도시 국가인 중세는 결코 짧지 않다. 따라서 중세의 문화는 로마 제국의 멸망 이후 서서히 이루어지는 과정에서 계획적이기보다는 자생적인 축척 원리를 형성시켰다고 볼 수 있다.

5세기에 무너진 제국은 도시가 없던 시대를 거쳐 8세기에 농노제도의 봉건주의 출현, 9세기의 상업 발달을 거쳐 11세기의 도시화로 정착된다. 물론 이것은 시장과 성채 그리고 수도

프랑스의 종교극 '성녀 아폴리네의 순교'(왼쪽)와
16세기 무대구상도(오른쪽)

원을 중심으로 만들어진 것으로, 그 안에서도 중세 도시의 발
달은 크게 두 가지로 분류된다. 첫째는 교통 도시, 수도원 도
시, 교회 도시, 성채 도시 등을 포함한 자연발생 도시와 둘째,
로마 기원의 형태를 유지하며 발달하는 로마재생 도시로 나뉜
다. 그 예로는 파비아(Pavia), 베로나(Verona), 파르마(Parma), 볼
로냐(Bologna), 피아첸차(Piacenza) 등이 있다. 교회, 첨탑, 성,
기사 등이 연상되는 중세는 특정한 두 시기를 연결하며 그 가
치가 절하되는 경우도 있었으나 분명히 중세에는 삶의 처절한
고통과 더불어 내일을 위해 약동하는 꿈이 있었다. 높은 밀도
의 도시 스케일(Urban scale)과 세밀하고 미로적인 도로망에서
대규모 혹은 기념비적인 공공 공간은 자연히 부족하였으나,
중심부에 위치한 소광장과 연계되어 있는 가로체계는 의도적
이기보다는 자발적인 구조를 지니고 있었다. 때문에 자연스럽
게 일상을 담게 되었고 실질적으로도 매우 기능적이었다.

중세의 도시 구조는 우선 매우 폐쇄적인 소수의 영역으로 작은 범위의 성벽을 만든다. 방위를 위해서는 당연히 필요했으나 성벽 밖에 사는 사람에게 안정감과 자유를 줄 만한 것은 아무 것도 없었다. 단지 도시 성벽 내에서 공통적인 운명과 정신 구조를 가지고 공동의 공간을 주거 생활의 연장으로 여기면서 그들의 도시는 성격적으로나 기능적으로 하나의 집처럼 필요성에 따랐다.

각각의 건물들은 일상적인 생활을 반영하고 그들 자신을 위한 것이었기 때문에 구성은 매우 단편적이었으나 공동체를 의식한 독특한 연속성을 이루었다. 통상 중세의 광장을 시민 광장, 종교 광장, 시장 광장으로 나누고 있는데, 여기에서는 중세의 이러한 자생적이고 일상적인 광장의 공간성을 거리의 극장으로 연결시켜 보도록 한다.

광장은 극장

먼저 중세 광장의 공간은 부정형적인 물리적 특징으로 다양한 연출을 경험하게 된다. 중심을 유도하기 위한 장치로 탑을 적절하게 다루는 수법을 통해 가로, 혹은 광장에서 보행의 시간적 흐름을 통한 연속적인 연출 기법을 사용할 수 있고 이것은 자연스럽게 극장의 무대가 도시 전체로 이어질 수 있게 하였다. 중세의 극장이 고정된 무대 없이 만시옹과 페이전트를 이용함은 탑의 유형을 빌어 극장의 중심을 쉽게 이동하였

악마표현에 대한 소묘

는데, 도로를 통해 광장으로 이어지는 새로운 세계로의 도입감을 느껴보면 그들이 특별히 고정된 무대의 극장 건축을 요구하지 않았던 것이 당연하게 여겨진다.

광장에 접근하는 시선은 광장의 각 모서리와 함께 새로운 연출 기법을 자연스럽게 만들고 열주, 테라스, 분수대, 벽의 장식, 조각 등과 특히 광장 바닥의 섬세한 장식을 보면 이것들이 또 다른 무대 장치의 요소로 풍부하게 기능할 수 있었음을 알 수 있다. 이러한 가로형 극장의 모습은 이후 르네상스 극장의 중요한 모티브로 작용하며 파르네제(Teatro Farnese) 극장과 같은 사례에서도 분명히 나타나고 있다. 공동체의 상징인 광장은 구체적이고 기념비적인 모습은 없어도 거리와 광장은 오히려 도시 전체의 모세혈관과 같은 공통의 정신 구조를 담아내고 있다. 그렇기에 극장이라는 특별한 장소적 개념이 없어도 도시 전체는 하나의 중심을 이룬다. 중세에 탄생한 연옥의 개념은 도시를 천국과 지옥의 중간 영역으로 상정했던 것과 무관하지 않고, 거리의 극장을 통해 성벽으로 이루어진 도시에는 주술적인 신비감까지 부여되었다.

새 천년의 도래, 그 뒤에 깔린 세기말의 두려움과 희망

「요한계시록」 20장에는 다음과 같이 적혀 있다.

또 내가 보매 천사가 무저갱 열쇠와 큰 쇠사슬을 그 손에 가지고 하늘로서 내려와서 용을 잡으니 곧 옛 뱀이요 마귀 요 사단이라 잡아 일천 년 동안 결박하여 무저갱에 던져 잠 그고 그 위에 인봉하여 천 년이 차도록 다시는 만국을 미혹 하지 못하게 하였다가 그 후에는 반드시 잠깐 놓이리라. 또 내가 보좌들을 보니 거기 앉은 자들이 있어 심판하는 권세를 받았더라. (중략) 이마와 손에 그의 표를 받지도 아니한 자들 이 살아서 그리스도와 더불어 천 년 동안 왕 노릇 하니 그 나머지 죽은 자들은 그 천 년이 차기까지 살지 못하더라 이 는 첫째 부활이라 (중략) 그리스도의 제사장이 되어 천 년 동 안 그리스도와 더불어 왕 노릇하리라 천 년이 차매 사단이 그 옥에서 놓여 나와서 땅의 사방 백성 곧 곡과 마곡을 미혹 하고 모아 싸움을 붙이리니 그 수가 바다 모래 같으리라

지금의 서구적 패러다임은 아마도 이미 1,000년 전에 시작 되었는지도 모른다. 계시록의 이 같은 예언으로 서구인들은 1,000년 기의 도래를 두려워했을 것이다. 악마가 지배하는 세 계에 대한 무시무시한 상상, 악마가 밑도 끝도 없는 구덩이에 갇혀 있다 하더라도 계시록의 예언은 서기 999년을 보내는 당

시 사람들에게 종말에 대한 두려움을 주기에 충분했다.

당시의 상황을 역사가 찰스 반 도렌(Charles van Doren)의 말로 표현하자면, 당시의 유럽인들은 1000년이 다가옴에 따라 999로 시작되는 운명적인 연도에 전율을 느꼈고, 서기 999년 후반기에는 대부분의 일들 중 당장 시급한 일이 아니면 중단되었다. 독실한 신자들은 길거리로 몰려나와 지은 죄를 회개하고 구원을 희망하는 살벌한 열광 속으로 자신들을 몰아넣었다. 당시 그들에게는 큰 혼란 이후 다시 예수가 올 날을 기다리는, 그 예정된 시간이 무척이나 길게 느껴졌을 것이다. 그러나 한편으로는 1000[32]이라는 숫자가 두려움의 대상이었음과 동시에 매력적인 유혹이기도 했다. 왜냐하면 서기 1000년(혹은 999년)이 어떤 세기적 사건도 없이 지나갔기 때문이다. 이런 행복한 결말에 대해 기독교인들이 느끼는 안도감은 새로운 에너지를 분출하게 하였고, 기록에 의하면 1000년부터 1300년까지의 300년은 유럽의 전체 역사상 가장 낙관적이고 크게 번영한 진보적인 시기이기도 했기 때문이다.[33]

지금의 새 천 년을 맞이하기 직전의 우리에게도 역시 그와 상당히 많이 유사한 현상들이 있었다. 보이지 않는 불안함과 기대감이 같이 뒤엉켜 시대의 불확정적인 구조를 보게 되고 보이지 않는 것에 주술적인 신앙심마저 갖게 되지 않았던가. 어쩌면 당시의 기독교라는 종교적 기운이 지금은 디지털이나 사이버라는 보이지 않는 허상으로 둔갑해 있는지도 모른다. 그 확신이 아무에게도 검증되어 있지는 않지만, 우리는 그렇게라도 믿고 싶고, 의지하고 싶은 것이다.

현대의 극장들은 대개 그 형식적 구성력이 없는 것이 기본이다. 소위 다목적 극장, 가변형 극장, 열린 무대, 상자 극장, 발견되는 극장 등은 모두 한결같이 그 외형적 틀을 거부하는 것들이다. 어찌 보면 섬뜩할 만큼 중세사의 현상을 다시 보는 듯 하기도 하다. 형식에서 탈피하고자 했던 중세 때의 경향은 시기적 혹은 개념적으로 전환기를 의미하고 이는 이후의 놀라운 잠재력과 강력한 형식의 도래를 예견하기도 하는 것이다.

마치 지금처럼……

허허바다 - 정호승

찾아가보니 찾아온 곳 없네
돌아와 보니 돌아온 곳 없네
다시 떠나가 보니 떠나온 곳 없네
살아도 산 것이 없고
죽어도 죽은 것이 없네
해미가 갈린 새벽녘
태풍이 지나간 허허바다에 겨자씨 한 알 떠 있네

다시 표를 팔기 시작한 극장 - 엘리자베스 왕조시대 극장

리나쉬따, 환영으로서의 극장에서 탈피

중세라는 오랜 시간 동안 물리적으로 구축된 영구적인 극장은 존재하지 않았다. 아니, 어쩌면 필요조차 못 느꼈을 것이다. 이것은 르네상스 내내 지속되어 전기 르네상스로 불리 우는 꽈뜨로첸테스꼬(Quattrocentecsco, 1400년대)에 이르는 동안에도 크게 변함이 없었다. 유럽에서 극과 극장의 문화를 선도적으로 유지해 오던 이탈리아에서도 1585년에나 이르러서 최초로 극장이 재구축되었다. 이 시기는 친꿰첸떼스꼬(Cinquecentesco, 1500년대)에서도 후반부에 이르는 것으로 보아 유럽에서 다시 극장이 성립되기까지는 그만큼의 시간이 필요했고 이에 관해서는 구축에 필요한 과학적 기술력의 문제가 아닌, 대중 속에 내재된 인식의 문제가 더 크게 자리하고 있었다는 것을 알 수 있다. 기나긴 중세의 환영 속에서 벗어나 북이탈리아에서 불기 시작한 르네상스의 바람은 알프스를 넘어 유럽의 전 제국을 휩쓸었고 그 과정에서 각 지역의 새로운 요소가 첨가되고 성숙하여 유럽의 지성 사상 전무후무한 충격을 만들었다.

여타의 다른 문화권에서도 르네상스의 역할은 매우 강력한 것이었으나, 특히 이탈리아의 극장에서는 더욱 각별했다. 이탈리아어로 르네상스를 뜻하는 리나쉬멘토(rinascimento)는 재생, 부활, 부흥의 뜻을 담고 있는 리나쉬따(rinascita)와 연결되고, 이것은 환생, 소생 등의 '다시 태어남'(ri nascere)이라는, 지극히 연극적인 언어를 사용하여 만들어졌다. 이것은 표면적으로 인간성 회복을 전제로 하되 그 근원적인 에너지를 고전에 두며 새로운 근대 문명의 그 시작점을 열고 있는 것이다. '다시 태어남'은 곧 '두 번의 시간대를 공존하게 하는 것'이다. 물론 상징적 의미와 은유적 기법으로는 모든 예술에서 적용될 수 있겠으나 특히 극장이라는 공간을 통해 건축으로 표현될 때, 그 의미는 최고의 함축적 표현이 된다고 생각할 수 있겠다.

엘리자베스 시대의 극과 동화(同化)

여기서 바로 이탈리아의 르네상스 극장으로 들어가기 전에 그 무대를 잠시 영국으로 돌리고자 한다. 그 이유를 군이 말하자면, 이탈리아 르네상스 최초의 극장인 팔라디오 극장이 건설되기(1585년) 전인 1576년 영국에서는 최초의 극장이 먼저 세워졌었다. 비록 목조로 이루어졌기는 하지만 극장이 없던 시대를 거쳐 고정된 장소에, 비교적 영구적으로 최초의 극장이 세워진 것이다. 우리는 이를 두고 엘리자베스식 모델이라고 한다. 엘리자베스 시대는 그 시대가 충분히 극적이었고 당시 영국은 모든 면에서 중세의 테두리를 벗어나 근대성을 갖추게 되는 대변동의 와중에 있었기 때문에 극문화의 황금기라 할 수 있다.

신 중심의 봉건주의 세계관이 무너지고 르네상스 휴머니즘이 자리 잡으면서 인간에 대한 낙관론과 개인주의적 성향의 대두는 상대적으로 경험론적인 인간운명에 대한 회의론과 비관론 또한 동시에 깊어져야 했다. 이는 어쨌든 중세 사상의 한계를 넘어 좀더 인간적인 자율성으로 사회의 현실을 직시하려는 노력으로 보인다. 이는 그 동안 숨겨져 왔던 자유의지가 인간의 불가분적 속성이고, 그로 하여금 자신의 존재와 행위를 가능케 한다는 사실을 말해주기도 한다. 일방적인 구경거리로서의 극은 이제 호흡하고 동화(assimilation)되어 간다. 바로 드라마의 본질적 세계가 서로 다른 존재의 부분과 유기적인 연관성을 그 가치구조에 두고 하나의 통일장을 구성해서 전체적인 미학체계로 완성해 나가는 것이다. 그래서 드라마를 '일정한 사회적 배경과 세계의 테두리 안에서 설정된 시간적 액션의 표현'이라 정의하기도 한다.

'티투스 안드로니커스'의 등장인물들

　당시, 영국은 거의 모든 분야에서 상충과 갈등이 노출되고 절대론을 내세우는 등의 양극적 양상이 심화되어 무신론, 호교론, 급진개혁론, 계급 간 상충, 자유의지론, 칼비니스트의 결정론, 이상적 영웅주의와 동시에 자아 희생적 인간론 등 모순과 갈등이 극에 달한 가장 복잡한 시기였다. 그럼에도 불구하고 엘리자베스 여왕의 통치 시대에는 근본적인 안정을 유지할 수 있었다. 이 배경에는 극단적인 갈등을 인간의 이상과 존엄성으로 포용할 수 있는 '비극문학의 역할'과 '극의 역설'(paradox, irony)이 복합적인 사회 배경에서도 통치의 효과적인 도구로 작용했기 때문이다.

엘리자베스식 극장

　1576년 제임스 버베이지(James Burbage)는 그의 극단을 위해 런던 교외에 극장을 세우고 그 명칭을 더 씨어터(The theater)라고 하였다. 이 극장이 처음 세워질 때의 계획안은 단순히 여관 안마당 같은 극장이었다(그 배경에는 오랫동안 도시나 시골 여관의 안마당에서 어려움 없이 연기를 하는 유랑극단이 있었다.). 이것이 최초의 엘리자베스식 모델이 되었다. 테니슨의 자료에 의하면 대부분의 극장들이 더 씨어터가 있는 북쪽 외곽지역이 아닌, 템즈 강 언덕이나 그 남쪽으로 옮기는 운동에 가담하여 1599년에는 같은 재료로 템즈 강변 쪽에 글로버 극장이 세워진다. 이것은 셰익스피어가 연극 단체인 더 킹스 맨(The King's Men)과 인연을 맺으며 셰익스피어(Shakespeare)의 극장으로 통하게 되었고 이후 영국의 모든 공공 극장들에 인용되었다. 글로버 극장은 1613년에 화재로 부서지고 1614년 재건된다. 이 극장의 전성기는 셰익스피어 생애의 중요 시기와 일치한다. 그의 가장 잘 알려진 희곡들은 모두 이 극장에서 공연되기 위

1647년 벤세슬라우스 홀라가 그린 런던 전경의 디테일 속의 글로브 극장(왼쪽)과
17세기 영국 극장 무대(오른쪽)

해 쓰인 것이다. 그래서 일부에서는 이런 유형의 극장을 '셰익스피어 극장'이라고 부르기도 한다.

비록 석조로 구축되지는 않은 것일지라도 이 최초의 반영구 극장은 엘리자베스 1세의 재위 기간에 세워졌고 이 극장의 운영방식은 연합주주 체제로 배우들에 의해 이루어졌다. 이 방식은 당시로서는 상당히 혁신적이고도 자율적이어서 강제성을 피하기 위해 배우들의 면허제, 즉 지금의 전세 방식으로 이용되었다. 빈약하기는 하지만 극을 다루는 사람들에 대해 왕권이나 일반인들이 다시 예술가들의 영역과 가치를 구별할 수 있게 하는 계기가 되기도 한 것이다. 그러나 이것은 아직도 주로 성벽의 밖에 세워졌다. 이 시대의 대표적인 다른 극장으로는 더 로즈(The Rose, 1587년), 더 포춘(The Fortune, 1600년) 등이 있었다.

나무로 구축된 극장, 그리고 새로운 인간형

이 극장은 여관으로 운영되던 건축물의 중정을 이용해 시작된 것으로 그 형식적 구조의 발달은 매우 자생적으로 보인다. 거리에서 이루어지던 극이 건축물과 연계되어 그 형식적 틀을 구축하기에는 그 배후에 몇 가지 이유가 있다. 영국과 같이 날씨의 변덕이 심하고 도심지 내 구체화된 광장의 역할이 약한 지역에서는 이탈리아의 거리 극장이 그리 합리적이지만은 않은 불편한 요소로 지적될 수 있었고 극은 이제 희랍의

백조좌, 1576년

틀로부터 완전히 벗어나 대중 속에서 본격적인 공감대를 이루기 시작한다. 이것은 그 소재가 나무로 만들어져 통칭 '나무로 만든 O형의 극장'이라 불렸고, 시기적으로 보아 전이의 단계에 있던 극장의 형식과 근대의 출발로 이해되는 새로운 르네상스 인간형이 갖고 있는 상징적인 의미가 그 곳에 담겨 있다 할 수 있다. 아쉬운 것은 건축의 재료가 나무였기 때문에 고고학적인 기록을 남기지는 못하고 있다는 점이다.

이 극장은 고전 극장에 비해 더 복잡한 형식적 구조를 지니고 있는데 이것으로 극장 뒤에 숨어 있는 새로운 연극의 형식을 엿볼 수 있다. 엘리자베스 양식의 이 극장은 여타 지역에 널리 보급되지 않고 영국 내에서만 머물게 되었으나 극장사적 측면에서나 연극의 발달과정에서 매우 중요한 역할을 하고 있으며 현대에까지 미치는 그 영향력을 고려할 때 거론하지 않을 수 없는 위치에 있다.

다시 표를 팔기 시작한 극장

이 극장의 원형이 되었던 것은 당연히 13세기에서 15세기

글로브 극장 콤플렉스

까지의 중세 페이전트로 그 변형의 모습이 현대 카니발이나 서커스 마차와 같은 2층의 것이었다. 거리에서 유동적으로 이동하던 극장은 이제 여관 앞마당에 자리하고 새로운 극장의 모습으로 그 형태를 정의하기 시작했다. 건설된 이런 유형의 극장 내에는 아직도 초기 페이전트의 활력과 이동성이 그대로 남아있었다. 16세기에 이르러 대부분의 연극은 권선징악적 내용의 도덕극이나 막간극이 되었다. 그러나 이때부터 대중의 개념이 강화되어 극을 보는 공간은 '사설극장'이라 했고 극을 보기 위해서는 다시 표를 사야만 했었다. 그 기록된 사례에 의하면 1576년에서 1680년 사이에 세워진 '검은 수사들(The Black-friars)'이라는 극장에서는 중세 이후 극을 보기 위해서, 즉 극장에 입장하기 위해서는 표를 예매했어야 했다. 이것은 중세 이전의 극장 문화로의 복귀를 말하는 것이고 적어도 극장과 극의 문화가 중세의 틀로부터 이탈하는 시작을 의미하며 동시에 근대적 인간형으로의 첫걸음을 알리는 것이기도 했다.

극장의 구조적 형식

17세기 무대 부분상세

그 모양이 대게 둥글거나 팔각형이었고 사방이 둘러싸여 있었으며 가운데만이 하늘로 뚫려 있는 중정형 주거의 안마당 유형과 매우 흡사하다. 단독형 건축물로 총 3개 층으로 구성되어 있고 각 층에는 관람석이 있다. 중앙에는 우뚝 솟은 무대가 있고 가장 튀어나온 끝 부분은 둥근 극장의 중간지점에 다다른다. 관객에게 다다르는 플랫폼의 끝부분은 하늘로 열려 있어 오후에 주로 공연되는 연극에서는 조명 역할을 하였다. 바로 이 플랫폼 무대가 이 시대 극장의 중심 연기 장소였다. 규모에 대한 자료의 근거로 테니슨(Tennyson)의 것을 빌면 그것은 40피트인 후면의 폭이 25피트의 앞끝으로 좁아지고 안쪽 무대에서 플랫폼 끝까지의 거리는 30피트가량 된다. 플랫폼 뒤 튀어나온 지붕 너머 건축물 자체의 중요구조 안에는 '이너 스테이지(inner stage)' 또는 '스터디(study)'라는 커튼이 드리워져 있다. 이 공간의 용도에 대해서는 학자들끼리 이견을 보이고 있으나 이곳에서는 은밀한 비밀의 폭로가 이루어졌을 것이다.

무대 위 두 번째 층에는 연기용 건물의 일부가 있었다. 이층 이너 스테이지 위 플랫폼의 덮개 지붕 밑에는 챔버(chammber)

글로브 극장 건물군의 투시도

라는 방이 있고 그 앞에는 타라스(tarras, 즉 terrace)라는 발코니가 있는데 모두 연기할 때 사용되었다. 세 번째 층에는 연기할 때 사용하는 음악가의 방이 있었고 그 위에는 차양이 있었다. 모든 방들의 위에는 작은 집이 있었는데 공연이 있는 날에는 그 탑 위에 있는 깃발이 펄럭거렸다. 이것은 지금도 전통처럼 이어지고 있다.

뒤쪽 무대 면과 같은 높이에서 무대가 굽어드는 측면에는 이 시대 거리의 장면이 보이고 각종 문이 있으며 그 위에 또 다른 창문이 있는데 이것들은 집에 도착하는 장면 등에 사용되었다. 중앙 구조의 일부인 무대 뒤에는 타이어링 하우스(tiring house) 혹은 타이어링 룸(Tiring Room)이 있어 의상준비나 무대 뒤 활동에 사용되었다. 특정 희곡의 연기에는 조금씩 차이가 있었겠으나, 연기가 이루어지는 각도, 초점의 다양성의 비중

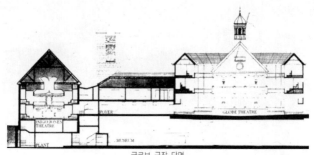
글로브 극장 단면

은 다른 어느 시대보다 이 시대에 컸음을 알 수 있다.

대개 극장의 직경은 평균 약 85피트가량 되었으나, 이와 같은 구조에서도 많은 관객을 수용할 수 있었다. 자료에 의하면 크게는 2,000명에서 3,000명에 달하는 규모의 극장도 있었다. 2,000명을 기준으로 할 때는 약 600명의 입석관객과 1,400명의 관객이 앉아서 관람할 수 있었다. 이 극장의 형식은 그리스나 로마의 고전 극장이 가졌던 수용 능력에는 접근하지 못하지만 공간의 사용비율에 따른 밀도는 더 높다. 이 두 극장 형식의 차이는 넓은 지역을 사용하여 많은 인원을 수용한 고전 극장의 경우와 비교적 좁은 지역을 잘 활용하여 많은 인원을 수용한 경우로 볼 수 있기 때문에 현대의 도심형 극장과 연결된다.

무대와의 거리가 좁혀져 배우와 관객이 더 친숙해지자 이전과는 다른 연출 작품이 나오게 되었다. 더하여 외관상의 친숙감과 더불어 정신적 유대감이 주는 친밀감도 만들어졌다.

이것은 연출가와 관람자의 공감대 폭이 확산되고 신념과 생각에 일반적으로 같았기 때문에 생겨나는 것이었다.

공간 이동과 무대

이 극장의 무대에서는 옛 도덕극과의 연관성을 보여주며 꼭대기 부분을 '천국(Heaven)'이라 하였으며 플랫폼 밑 파인 부분이나 무대 밑 부분을 '지옥(Hell)'이라 하여 그것을 통해 배우가 오르고 내려갔다. 이 시대 공공 극장의 건축 형태는 아직도 이러한 샤머니즘적 세계관과 구체적으로 상응한다. 극장 내부의 상단에 있는 중심 구멍은 샤먼이 원초적 시간으로의 여행을 시작한다는 것을 의미한다. 이를 엘리아데(Eliade)의 표현을 빌어 표현하자면 '지붕 구멍'은 몰아적 상승에 대한 불교의 은유적 표현이고 '지붕을 산산이 부수기'에 반영된 믿음도 연상시킨다. 무대면 아래로부터 이 구멍에까지 연결된 두 개의 기둥은 노 무대의 소나무처럼 원초적 시간으로 오르내리는 통로인 세계의 축(axis mundi)과 상통하는 것이다. 이 당시의 희곡은 공연에서 상징적 특성을 장려했고 그 무대는 희랍과 판이하게 달랐다.

셰익스피어는 '세계가 온통 무대'라고 말하고 있으나, 이 시대 극장과 적당한 표현은 '무대가 곧 세계'여야 한다. 대규모 무대 장치가 없는 플랫폼 무대는 다양한 움직임과 장소의 변화를 허용했다. 순식간에 무대의 일부는 도시의 거리, 외지의 싸움터, 궁중의 방, 주막 등 작가가 원하는 곳으로 바뀌었다. 중요한 무대 장치는 희곡의 언어 자체가 공급하는 방식으로, 의식적인 대화를 통해 관객을 짧은 시간 안에 다양한 장소로 옮길 수 있었다. 이런 장소의 이동을 두고 데이비드 콜은 공공 극장이 그 구조에 있어서 세계 전체가 하나의 무대이고, 인간 행동의 장소로서 우주를 반영할 뿐만 아니라 샤먼, 즉 배우가 관객으로부터 하나의 이미지로 여행을 시도하는 하나의 심리적, 사회적 공간으로서 연극적 우주를 반영한다는 사실을 지적한다. 이 시기의 극장 공간은 전후 어느 때보다도 무대와 객석 공간 속에서 의식적인 흐름을 부여했던 때이다.

엘리자베스 시대의 비극과 희랍 비극의 차이

'희극은 생각하는 자를 위한 것이고 비극은 느끼는 자의 것이다.'라는 말처럼 비극은 독특하면서도 강력한 정서를 유발한다. 결론적으로 말하면 희랍의 비극이 '플롯(Plot)' 중심의 형식미학적 구조인 데 비해 셰익스피어로 대변되는 엘리자베스 시대의 비극은 그 시대적 배경의 영향으로 인물 및 성격의 묘사가 사실적이고, 심리적인 미학 구조, 즉 '주인공'에 더 큰 비중을 두고 있다. 아리스토텔레스는 『시학 *Poetics*』에서 플롯이 비극의 생명이자 영혼이라고 했다. 플롯은 자연시간의 흐름에 의한 이야기를 드라마 원리에 따라 재구성한 것이기에 희랍 비극의 본질은 구조미와 형식미이다. 그에 반해 엘리자베스 시대 드라마의 핵심은 늘 인간 그 자체였다. 이 시대의 인간관에 의하면 인간은 자신의 행동에 책임을 져야 하고 그 바탕엔 운명을 개척해 나갈 수 있는 능력이 부여되어 있다는 것이었다.

제각각 다른 성격은 자신의 운명을 결정짓는 절대적인 요인이다. 이에 대해 클리퍼드 리치(Clifford Leech)는 희랍 비극에서는 '가문에 내린 운명'(the doom-on-the-house)이 드라마의 동인이 되는 데 비해 엘리자베스 시대의 비극에서는 '성격으로 인한 운명'(the doom-in-the-character)이 드라마의 결정적인 요인이라 하였다. 따라서 관객은 르네상스 비극의 주인공을 두고 단순히 어찌할 수 없는 연민의 정이나 동정이 아닌, 우리의 지금 모습과 보다 밀접한 공감의 동정인 것이다. 이 시대 작가들의 회의론적인 태도는 인간 현실의 불안정성, 애매성, 모순성 등을 예리하게 인식하고 이를 바탕으로 비극적 주인공의 미시적인 세계와 현실 세계와의 갈등을 묘사하였다. 이런 과정에서 인간적인 갈등과 고뇌를 극한점까지 확대시키고 일찍이 시도하지 못한 극의 깊이를 갖추게 된 것이다.

수잔 랭거(Sussane K. Langer)는 희극이 '자기보존'(self-preservation)의 근본적인 순환율을 나타내는 데 비해, 진정한 비극은 '자기완성'(self-consummation)의 순환율을 묘출하는 것이라고 말한다.

그 공간의 구조

희랍 비극은 제의적인 의의에 따라 극장의 크기나 무대의 구조, 배우들의 복장과 가면, 청중과 배우들 사이의 거리감을 의도적으로라도 두었다. 또 코러스의 존재 등 여러 가지를 고려할 때 희랍 비극은 하나의 '구경거리', 즉 스펙터클(spectacle)이었다. 중세에도 이어지는 이 구경거리는 관중으로서는 거리감을 두고 제3자적인 입장에서 보기 때문에 무대와의 일체감을 통한 깊은 정서적 개입이 어렵다. 더구나 비극의 주인공은 자신의 잘못이기보다는 조상의 죄과로 인한 가문의 징벌로 불행을 당하게 되거나, 그가 현실을 모르고 저지른 비극적 과오로 인해 고통을 당하게 된다. 이에 대해 관중은 그저 연민의 정, 즉 제3자의 아픔에 가여운 심정만을 느낄 뿐이다.

그러나 셰익스피어 비극의 주인공을 보는 청중의 반응은 그에 대한 강한 공감대로 그와의 사이에서 어떤 특정한 동일감과 일체감(a sense of identity)을 만들게 된다. 그래서 이 당시 무대 관습에서는 이런 목적을 더하기 위해 독백(soliloquy)과 방백(aside)이 중요한 장치로 작용하였다. 때문에 이 시대의 극장이 이루는 공간적 구조 역시 배우와 청중들의 긴밀한 공감·일체감을 위해 무대와 객석의 접지 면을 넓히고, 좁은 공간에 밀도가 높은 객석을 배치함으로써 그와 같은 것을 가능하게 한다는 특징이 있다. 중세의 극이 비교적 단순한 종교적 신앙심과 인간의 근본적인 선악관에 호소하며 인간 사고의 비교적 좁은 영역에 몰입하게 하는 것에 비해 이 시대 지성인들의 상상의 영역은 이중적이고 대립적이며 솔직한 인간과 현실에 대한 회의적이면서도 객관적인 태도에 이르기까지, 그 시각적 지평선이 놀라우리만큼 확대된다.

그리고 파급효과

이상에서 보이는 엘리자베스의 극장이 지니는 특징들은 르네상스로 진행하는 과정적인 부분과 중세의 특징 및 성격이 서로 공유되고 있는 점이 많이 발견된다. 중세의 특징을 포함해서 엘리자베스 극장의 특징들을 정리해보면 다음과 같다. 먼저 새롭게 형성되기 시작하는 도시공간의 구조와 연결되어 고전에서 말하던 극장건축의 고정된 개념으로부터 탈피를 시도하였고 극의 무대와 객석의 제한된 공간으로부터 실리적인 활용성에 중심을 두었다. 이것은 연속적인 도시공간에서 만들어지는 장소의 특성과 개별 건축이 만들어내는 건축공간의 유형성이 서로 화합하는 단계이다.

이런 특질들의 접목은 극의 내용과 무관하지 않게 되며, 다시 현실 공간구성과 연결되어 극이 만들어내고자 하는 일상과 일탈의 교환적 관계가 자연스럽게 이루어지는 것이다. 이에 따라 극의 변형적인 운영과 극의 가능성은 더욱 그 가능성을 넓히게 된다. 무대와 객석의 이동성과 가설의 상황은 적응력을 통해서 사건성, 우연성, 이벤트성을 유도하는 공간으로 활용되며 극장의 실내 외의 건축공간이 다양성과 가변성을 통해 공간의 해석 프로그램으로 이용되기도 한다. 이 말은 관람객들이 연출자의 의도에 충실하게 쫓아가는 방식 이외에도 스스로 해석해나가는 능력이 무의식적으로 발휘되며 심지어는 객관적인 자세에서 평가와 판단을 시도해보기도 한다. 이를 가능하게 해주는 것은 바로 공간이 지닌 틀에서 양가성과 다의성, 그리고 가변성을 통한 멀티 상징성을 체험할 수 있기 때문이다. 이는 극장 공간의 성격을 고정된 건설과 축조의 단순한 기술 위주에서 조립과 해체가 자유롭고 더구나 도시의 어느 곳에서나 공연의 장소가 이동을 통한 위치선정과 상황에 따른 전환적 구조를 기본적으로 수용하고 있기 때문이다. 이것은 공공성을 위한 열린 도시공간에서 실내로의 극장 건축이 만들어내는 내외의 자율성과 보다 풍부해진 해석의 다양성을 전략으로 지니고 있기도 한 것이다.

여기서는 새로운 모뉴먼트가 인식되는 전환기를 이루기도 한다. 이동하고 조립되어지나 하나의 장소로 혹은 공간으로 강조하고 기념비화 하는 기능은 실용성과 추상성이 배합되어 도시마다 지니게 되는 개성과 가치성에도 이어지게 된다. 글로브 극장의 발전은 15세기 후반에까지 이르게 번창하며 르네상스의 본질적인 실내 극장의 등장을 기다리며 가설극장의 다양성이 충분히 실험되어지던 시기라고도 할 수 있다. 재미있게는 지리적으로 멀리 떨어져 있는 중국에서도 이와 비슷한 변화가 있었는데, 수·당으로부터 이어져온 것이 원 그리고 이후에 등장하는 송과 금대를 포함해서 이와 유사한 시기에 구란이나 대·붕 등의 가설극장들에서 그 유사성이 보이고 있었다. 특히 구란은 가설극장의 장점을 유지하고 발전시키는 과정에서 서양의 것과 매우 흡사한 점들을 보이고 있다. 이것은 원대 정자식 극장들의 기초가 되어 서양에서 르네상스의 기틀이 되었던 과정과 동일하다고 볼 수 있다. 이것은 극장이 하나의 물리적인 건축에 불과하나 건축에서도 가장 생동감 있고 그 변화를 지켜보면 삶의 모습을 응축하고 요약하게 하며, 극을 통해 다시 삶 속에 뿌려내는 의미화의 과정은 진행을 담아내는 그 그릇이 살아 숨쉬고 있는 유기체와 같다는 생각이 들게 한다. 이것은 실제로 하나의 생명체가 시간과 장소를 초월하여 진화되어 가는 착각을 만들게 함에 충분하다.

이에 따라 극에 참여하는 관객 역시 그 역할이 다양해졌으며 극의 진행에 따른 총체적인 참여성을 강조하며 공공의 현실성과 극의 초월성이 공존하게 되며 극장의 건축이 지니는 구축의 원리를 선택에 따른 편집 구성으로 전개할 수 있게 되었다. 이로 인해 극장의 공간은 간결성과 원칙론이 지켜지는 상황에서 극의 기호론과 유형의 특성이 저마다 드러날 수 있고, 사회 전환기 문화의 격변을 수용하는 도구로서 극장의 구축원리가 성립되는 것이다. 공간 및 극의 해석을 확정론에서 확률론적 사고방식으로 전환하였고, 공간 결정론에서도 가능성의 시야를 넓히게 되는 중요한 전환기가 되었다. 극장을 형태 위주로 읽어내는 공간미학에서 프로그램의 변용에 따른 형태 유발의 탈 근대적 합리주의가 시도되었고, 도시를 읽어내는 방식에서도 그동안 고정된 대지의 개념으로만 보던 시선을 실존적 상징을 통한 장소적 의미 개념으로 치환이 가능해졌으며, 사회적 인식의 개념으로도 공적공간을 연출함에 있어 유동적인 활용의 수단으로 그 방법론이 매우 능숙하게 되었다. 이는 무대의 활용에서도 극의 내용적 전개를 현실성과 초월성에 적절하게 두어 가장 간결하면서도 상징적인 무대를 연출하게 하였다. 이런 추상성의 강조는 중세의 보편적인 특징일 수 있으나 당시 상황에서 연출의 밀도를 높이고 해석 여지를 공간 속에 배치함으로 극장이라는 물리적 강조를 통하지 않고서도 도시에서 건축이라는 제한된 물성적 개념을 넘어 공간의 깊이감과 무한성을 담아내는 신비감과 주술적인 특징마저 소유하게 만드는 것으로 이 장소는 이제 무한의 공간이며 영원의 공간이기도 한 것이다.

인간은 선악을 공히 가지고 있으며 근본적인 모순과 이중성을 지니고 있는 반면, 신을 따라 창조된 존재로 궁극적으로는 완벽성과 신격을 갖추기 위해 고민하고 가혹한 고통을 이겨나가는 영웅적인 갈등과 투쟁을 준비하고 있다. 작가는 이런 모습을 극에 담아내려 하고 그로 인해 형성된 극장의 구조에서 청중은 그러한 인간상에 대해 같은 인간으로서 깊은 공감으로 동일시하고 주인공과 고통을 나누며 감동하기에 이른다.

극장, 그 내향적 순수와 외향적인 유기체

자유시간의 증대와 함께 오늘날은 기념비적인 장소가 사라지는 상황이다. 예를 들어 가정의 TV나 컴퓨터로 경험되는 오락에 대한 예찬은 우리에게 극장의 장점을 놓치게 하였고 더하여 건축의 기념비적인 의미를 상실하게 하고 있다. 막스 베버(Max Weber)가 지적했듯이 후기 산업사회에서 나날이 첨예화되어 가는 기술적인 측면의 발전은 이어서 사회조직의 효율성을 구가하고 있으나, 반면에 역사의 주체인 인간은 상호 간의 소통을 원활하게 이루지 못하고 있는 것이 현재의 실정이다. 인류학자 빅터 터너(Victor Turner)가 주장하듯이 지금의 인류가 당면한 위기를 극복할 수 있는 방법은 오늘날 삶의 장을 반성의 계기로 삼는 일이다. 여기에 축제와 제의의 기능이 중요시되는 이유가 있는 것이다. 그의 용어를 빌리자면 삶의 '연속성' 개념의 타당성이 제고되어야 할 이유가 극장을 통해 존재하는 것이다. 율리우스 포제너(Julius Posener)는 극장건축을 이야기하면서 도시의 탄생과 성장, 소멸을 표현하는 것이 거의 선동적이라 할 만큼 사회전반에서 중요한 의미를 지닌 테마라고 밝히고 있다. 그 테마는 우리가 도시의 도시다움이라 하는 틀 속에서 다양한 예술장르에 대해 매우 다양한 방법으로의 참여와 책임을 부여할 때 맞닥뜨리게 된다. 그리고 사회의 모순적인 패러다임의 차이는 극장을 통해 해소하고자 하는 것이다. 이러한 사실 때문에 우리 삶의 터전은 그 고유성을 찾아내게 되며 심지어 도시를 건설하는 행위 그 자체를 주술적 신비감에 포함시킨다. 이제까지 이어져 온 전통적인 의식에 대한 기억은 그 속에서 하나의 요소로 생각하게 된다. 도시에 대한 신비감과 더불어 대부분의 사회는 극장과 공연예술의 행위에 대하여 마치 종교적 의식이라도 진행하는 듯한 특별한 의미를 내포하기 때문이다.

역사 속에서 도시의 특성을 구별해내는 대부분의 작업은 연극과 음악이 상연되는 곳, 즉 극장건축에서 이루어진 것이었다. 이것은 극장과 삶의 장소가 서로 상호 연관성을 확인시킴과 동시에 극장내부의 공간구조가 우리의 모습을 담고 있음을 간접적으로 보여주는 것이다. 무대가 청중을 향해 다가서거나 물러설 때, 건축에 대하여 다소 새로운 테마들은 그 탄생과정이 도외시되고, 건축의 표피적인 상징성만을 요구하게 된다. 공간적으로도, 형태적으로도 또한 윤리적으로도, 건축사상의 진행을 통해 강조하고자 하는 바는 극장건축과 그 극장이 세워지는 부지 사이에 합당한 관계가 설정되지 못했다는 것이다. 그러나 극장이라는 건축의 진화과정에서 확인할 수 있는 것은, 그 내부적인 목적으로 주어진 예술행위에 대해 적절한 예의를 표하면서도 외부적으로는 도시가 지닌 일관성 있는 물리적, 역사적, 불연속성을 포함할 수 있는 공공적인 '보자기'의 역할을 수행하여야 한다는 것이다.

해체되어 가는 도시의 성격을 재생시키기 위해서 진화되어가는 극장은 필수적인 요소이다.

어떤 하나의 극장이 그 도시의 전통에 근접하거나 한 부분을 되살려내야 할 때 두 가지의 양상이 선명해진다. 즉, 건축에서 영원히 되살려 내어야 할 요소와, 갱신에 대한 새로운 희망이 도시적 풍경과 연결되어야 하는 것이다. 이 점에서 극장은 내향적 순수성과 외향적인 유기적 구조체가 되어야 한다는 것이다.

주

1) 훈간(Hungan)은 하이티 말로 신들림 의식의 사제를 의미한다. 데이비드 콜은 그의 저서 *The Theatrical Event: A Mythos, A Vocabulary, A Perspective*에서 신들림을 악마적 재앙이 아니라 신들에게 접근하는 축복의 상태라 하였고, 그것을 추구하는 모든 인간을 지칭하는 데 이 용어를 사용하였다.

2) Elizabeth Woodbridge, 『드라마 그 법칙과 기술』, 보스톤, 1926.

3) Brand Maschu, 『드라마』, 호턴 미플린, 1910.

4) 노미오스(양치기), 리카이오스(이리)라는 별칭으로 양치기 목자의 수호신이기도 하다.

5) 헤스티아(Hestia): 로마에서는 베스타(Vesta). 제우스의 누이로 가정이나 신전의 둥근 화로에서 타오르는 불길의 여신이다. 주거 내에서 불을 중심으로 모이는 것을 상징으로 하고, 폴리스의 중심을 말하며 사회의 안녕과 질서를 기원하는 장소적 성격이 강한 곳을 의미하기 때문에 그녀는 국가의 내부결속을 다지는 수호신이기도 하다. 성적 욕망은 물론 어떠한 올림포스 신전의 음모와 경쟁에도 관심이 없는 그녀는 디오니소스에게 주신자리를 내어준다.

6) 도시 테베(Thebe)는 디오니소스와 헤라클레스의 고향이기도 하며 오이디푸스의 비극이 벌어진 그리스 신화의 주무대이다. 이 도시는 동방이 세운 도시로 그리스인들의 질시를 받기도 한다.

7) 유럽의 어원이 된 페니키아의 공주 에우로파를 찾아 나선 오빠 카드모스 왕자에 의해 만들어진 도시인 테베에서 카드모스는 그리스 땅에 페니키아의 알파벳을 소개한 공로로 아프로디테의 딸 하르모니아와의 사이에서 딸 세멜레(Semele)를 얻는다. 디오니소스는 제우스가 세멜레와 관계하여 낳은 아들이었다. 즉, 엄밀히 말하면 세멜레의 외할머니가 아프로디테이기 때문에 디오니소스는 어머니 쪽으로 신의 혈통이 존재한다.

8) 제우스가 세멜레와 관계함을 저주하는 헤라의 간계로 세멜

레는 제우스의 갑옷을 보고 그 광채에 불타죽는 운명이 된다. 제우스는 뒤늦게 그녀의 몸속에서 자라는 6개월 된 아들을 불타는 몸에서 꺼내어 자신의 허벅지에 다시 이식한다. 이후 10달이 되어 디오니소스는 제우스의 넓적다리를 가르고 탄생한다. 이후 그는 이모 이노(Ino)와 님프들의 손에 의해 키워진다.

9) 그는 '고통 받는 자'라는 뜻을 가졌고, 세멜레와 자매간인 아가베의 아들로 디오니소스의 사촌이다.

10) 현 불가리아의 고대명칭.

11) 레아는 가이아와 우라노스가 만들어낸 티탄(Titan) 남매 중 하나로 시간의 신 크로노스의 아내이며 이후 제우스의 어머니이기도 하다.

12) 트라키아의 섬 사모트라케에 있어서 한때 님프와 마니아데스의 역할로 유명했던 밀교의 열정적 무희 중 올림피아스(Olympias)는 알렉산드로스 대왕을 출산하여 그 스스로도 자신을 디오니소스로 자처하기도 한다.

13) 이것은 이집트의 신 오시리스의 부활 축제를 참조했다고 한다.

14) 비극(Tragedy)은 양(Trago)과 노래(Dia)의 합성어로 Tragoidia라는 그리스어에서 유래된다. 디오니소스 교도의 행렬 앞에는 언제나 목양신의 가면을 쓴 사람들이 노래를 선창했다. 즉, 목양신의 노래는 곧 비극의 노래이다.

15) 아티카 지방의 동편에 위치한 에레트리아(Eretria) 극장에서 잘 나타나 있다. 이런 무대 구조의 도움으로 아이스킬로스의 극 「페르시아인」에서 페르시아 왕인 다리우스(Darius)의 망령을 출현시키거나 에우리피데스(Euripides)의 극 「메디아인」에서 아가멤논의 왕비 클리타임네스트라(Klytaimnestra)의 혼령과 신의 대화 장면에서 그 이전에는 표현할 수 없었던 신의 모습을 재현한다. 이것이 저 유명한 기계 장치로의 신(deus ex machina)이 출현한 최초의 사례로, 볼 수 없던 영혼이나 신을 실물로 묘사한 최초의 사건이다.

16) 아테네 문화의 황금기로 판-아테네 축제를 창시한다. 아테네의 도시국가가 도시적 면모를 갖추게 되어 그의 인격이 온화

하여 후세 그리스인들은 그의 치세 때를 이상시대라고 했다.

17) 스케네는 배우들이 잠시 쉬는 장소로도 쓰여 Tent라는 뜻도 있다.

18) 라틴어 Illude는 지시대명사로 '그'(혹은 '먼'이라는 뜻을 내포)를 뜻하고 tempus는 '시간'(혹은 '세월')을 뜻한다. 따라서 illude tempus는 그때, 혹은 먼 원초적 시간이나 세월을 의미한다.

19) 역사가 리비(Livi)의 학설에 따르면 기원전 753년에 늑대 손에 의해 자란 쌍둥이 형제 로물루스(Romulus)와 레무스(Remus) 중 로물루스는 로마를 세우고 최초의 지도자가 되는데, 자신의 부족에 여자가 모자라자 지금의 캄빠냐 지방에서 사빈느(sabine) 여인들을 초대 후 납치하였다.

20) 기원전 800년대부터 왕의 시대, 기원전 500년대부터 공화정 시대, 그리고 아우구스투스(기원전 27~서기 14)부터 황제의 시대는 시작된다.

21) 안치오 만리오 또르구아또 세베리노 보에티우스(Ancio Manlio Torquato Severiono Boezio) (480~525), 로마의 철학자, 『철학의 위안 De consolatione philosophiae』 저자.

22) 고대의 극장에서 연기가 행해지는 장소 뒤에 있는 연기자들의 방인 scena가 풍부한 장식으로 꾸며지며 강조되는 것.

23) 보미토리오(Vomitorio)는 그 어원이 '구토하는 이'라는 뜻 이외에도 극장이나 고대 원형경기장 등의 건축물에서의 출입구를 상징한다.

24) 현대와 같은 조명기술이 없는 시대여서 주로 오찬(점심)과 오수(낮잠)가 끝난 시각부터 개장하기에, 이때 쏟아지는 햇빛을 차단하기 위해서는 관객석과 무대석의 주벽 상부에 총총히 지주(Pole)를 꽂아두고 건너편의 폴과 밧줄로 연결하여 벨라리움을 설치하였다. 그리고 이 경우 환기를 위해서 무대 상부에 해당하는 위치에는 무대의 직경과 동등한 크기의 구멍을 만들었다. 이 구멍을 눈(Ochi)이라고 하였다.

25) 극장의 명칭은 당시 문예애호가이자 관라자인 G. Julius Marcellus의 이름을 사용했다. 그는 옥타비아누스의 누이 옥타비아가 안토니우스와 재혼하기 전에 그 조카뻘인 코르넬

리우스(Cornelius Marcellus)와 결혼하여 낳은 아들이다.

26) 현재도 확인할 수 있는 극장이 존재하는 도시로는 폼페이(Pompei), 시칠리아의 타오르미나(Taormina), 시라쿠스(Siracus), 팀가드(Timgard), 아스펜두스(Aspendus, 소아시아), 피에솔레(Piesole, 북 이탈리아), 라벤나(Ravenna, 북동 이탈리아), 남 프랑스의 님(Nime), 오랑쥬(Orange), 스페인의 사군토(Sagunto, 이것은 특히 가장 최근에 Giogio Grassi에 의해 새롭게 해석되어 가장 원형적 의미를 잘 소화해내어 개축되었다.) 등이 있다.

27) 장식적인 조화의 기법에서 로지아의 각 아치 공간은 주요인물상과 가신상은 음과 양, 흑과 백 등의 대조미로 구성하였고 이것은 바실리카 아에밀리아(Aemolia), 타블라리움(Tabularium), 줄리아(Julia) 등에서 동일하게 나타난다.

28) 정원 아치는 고딕시대의 첨두 아치와는 다르게 기둥의 간격이 층간의 높이를 결정하게 만든다. 그러므로 당시의 건축가들은 입면을 포함해 입체적인 구성의 전체적 비례를 위해 기둥의 모듈을 매우 섬세하게 결정하였고 이는 각 오더들이 갖고 있는 기둥의 비례와 연결된다. 그래서 이오니아 기둥이 도리아 기둥 밑에 있을 수 없는 이유가 된다.

29) 티베르 강 유역 오스티아(Ostia)에 서기 10년에 건설된 극장을 비롯 남불 지역에 남아 있는 많은 극장에서 발견된다.

30) 실증적 측면에서는 이 목조 지붕이 남아있지 않고 문헌으로만 전해지고 있으나 수용능력이 7,000명에 달하는 프랑스의 오랑쥬 극장의 경우 정면 높이는 무려 38m 이상이고 관람석 직경이 103m, 무대는 길이 67m에 폭은 15m였다. 이러한 대형 극장에서는 음향의 문제가 매우 중요했다.

31) 신들림의 상태를 유발하며 '우리가 그곳으로 가는' 유형의 제의는 신들의 세계로 영적인 여행을 추구하는 샤먼의 특기인 반면, '그들이 여기로 오는' 제의는 신들림을 통해 신적인 존재가 되는 인간인 훈간의 특성이다.

32) 물론 모든 지역이 같은 방식으로 시간을 셈하였던 것은 아니었다. 유태인 세계에서는 1000년보다 훨씬 오래된 것으로 그들의 기원은 기원전 3716년을 창조의 날로 보고 그 가정에

따라 역법을 계산하며 이슬람 교인들은 그보다 훨씬 짧은 서기 622년을 그들의 역법으로 계산하고 있다.

33) 11세기 하인리히 3세의 치하에서 신성로마제국의 지배권은 절정에 다다랐다. 제국의 북쪽은 함부르크와 브레멘, 남쪽으로는 이탈리아의 발등에 해당하는 지역, 서쪽으로는 부르고뉴, 동쪽으로는 보헤미아와 헝가리 그리고 폴란드에까지 이르렀다.

참고문헌

Allardyce Nicoll, *Lo Spazio Scenico*, Bulzoni Editore, 1992.

Dirk Meyhofer, *Architectural Visions for Europe*, vieweg, 1996.

Fabio Di Joria, Marco Messeri, *Italia Bella*, Baldini & Castoldi, 1992.

Gaelle Breton, *Teatri Architettura Tematica*, Tecniche Nuove, 1990.

George C. Izenour, *Theater Design*, McGraw Hill Company, 1977.

Gordon Logie, *The Urban Scene*, Faber and Faber limitied, 1989.

Guido Canella, *Autenticita e Falsificazione oggi, zodiac4*, Editrice Abitare, 1989.

Gustavo Marchesi, *Storia di Parma teatro*, Newton compton editori, 1994.

Hachiro Nakajima, *Stage and Television Design*, Hyungsang-sa, 1985.

James Steele, *Theatre Builders*, Academy Editions, 1996.

Juilus Posener, *Storia e Progetti di teatri, zodiac2*, Editrice Abitare, 1989.

Kenneth Frampton, *Storia dell' Archittetura moderna*, Zanichelli Editore, 1985.

Marie Laure Boulet Christine Moissinac, Francoise Soulignac, *Sale Da Concerto*, Tecniche Nuove, 1990.

Michael Forsyth, *Edifici Per La Musica L'Architetto il musicista, il pubblico dal Seicento a oggi*, Zanichelli, 1997.

Nancy Van Norman Baer, *Theater In Revolution Russian Avant-garde Stage Design*, Thames Hudson, 1992.

Peter Dochety and Tim White, *Design Performance From diaghilev to PetShop Boys*, Lund Humphries Publishers London, 1996.

Peter Murray, *L'Architettura Del Rinascimento Italiano*, Editori Laterza, 1990.

Phyllis Hartnoll, *The Theater a concise History*, world of art, 1985

Roerick Ham, *Theaters planning guidence for designand adaptation*,

Architectural press, 1972.

Stefano Mazzoni, *I teatri storici in Italia*, Electa, 1994.

William Packard, David Pickering, *The Theater*, Facts on file, 1988.

Francis Reid, 『무대 디자인 입문』, 예니, 1999.

G.B. 테니슨, 『연극원론』, 현대 미학사, 1997.

M.S. 베링거, 『연극 이해의 길』, 평민사, 1991.

구회영, 『영화에 대하여 알고 싶은 두 세가지 것들』, 한울, 1991.

기 드보르, 『스펙터클의 사회』, 현실문화 연구, 1983.

노먼 제이콥스, 『대중시대의 문화 읽기』, 홍성신서, 1979.

데이비드 콜, 『연극 이벤트의 미학』, 현대 미학사, 1995.

마틴 에슬린, 『드라마의 해부』, 청하, 1987.

문상득, 『셰익스피어 비극 연구』, 한신 문화사, 1994.

문시연, 『희극읽기』, 문음사, 1999.

박기성, 『문화 커뮤니케이션과 대중문화』, 평민사, 1983.

박정근 외 3인, 『연극을 어떻게 볼 것인가』, 동인, 1996.

새뮤얼 셀던, 『무대 예술론』, 현대 미학사, 1993.

안치운, 『연극 제도와 연극읽기』, 문학과 지성사, 1996.

이근삼, 『연극 개론』, 문학사상사, 1980.

자크 르 고프, 『중세의 지식인들』, 동문선, 1988.

존 버거, 장 모르, 『말하기의 다른 방법』, 눈빛, 1995.

질 지라르 외, 『연극이란 무엇인가』, 고려원, 1988.

필리스 하트놀, 『연극의 역사』, 동문선, 1985.

__ 이 저서에 사용된 도판 출처

Allardyce Nicoll, *Lo Spazio Scenico Storia Dell'Arte Teatrale*, Bulzoni Editore.

Bruno Alfieri-Renato Minetto Silvia Latis, *Zodiac 2*.

Ecole Nationale Superieure Des Beaux-Arts, *Pomoei E Gli Architetti Francesi Dell'Otoocento*, Ecole Francaise De Rome.

Gaelle Breton, *Teatri*, Tecniche Nuove.

Phyllis Hartnoll, *The Theatre A Concise History*(revised edition).

* 이 저서는 2004년도 인하대학교 저서 발간 연구비(INHA-32341)의 지원에 의해서 발간되었음

극장의 역사 상상과 욕망의 시공간

펴낸날	초판 1쇄 2005년 10월 17일
	초판 3쇄 2015년 3월 25일

지은이	임종엽
펴낸이	심만수
펴낸곳	(주)살림출판사
출판등록	1989년 11월 1일 제9-210호

주소	경기도 파주시 광인사길 30
전화	031-955-1350 팩스 031-624-1356
기획·편집	031-955-4671
홈페이지	http://www.sallimbooks.com
이메일	book@sallimbooks.com

ISBN	978-89-522-0433-2 04080

054 재즈

eBook

최규용(재즈평론가)

즉흥연주의 대명사, 재즈의 종류와 그 변천사를 한눈에 알 수 있도록 소개한 책. 재즈만이 가지고 있는 매력과 음악을 소개한다. 특히 초기부터 현재까지 재즈의 사조에 따라 변화한 즉흥연주를 중심으로 풍부한 비유를 동원하여 서술했기 때문에 재즈의 역사와 다양한 사조의 특징을 쉽게 이해할 수 있다.

255 비틀스

eBook

고영탁(대중음악평론가)

음악 하나로 세상을 정복한 불세출의 록 밴드. 20세기에 가장 큰 충격과 영향을 준 스타 중의 스타! 비틀스는 사람들에게 꿈을 주었고, 많은 젊은이들의 인생을 바꾸었다. 그래서인지 해체한 지 40년이 넘은 지금도 그들은 지구촌 음악팬들의 많은 사랑을 받고 있다. 비틀스의 성장과 발전 모습은 어떠했나? 또 그러한 변동과정은 비틀스 자신들에게 어떤 의미였나?

422 롤링 스톤즈

eBook

김기범(영상 및 정보 기술원)

전설의 록 밴드 '롤링 스톤즈'. 그들의 몸짓 하나하나는 우리가 생각하는 것보다 훨씬 더 탁월한 수준의 음악적 깊이, 전통과 핵심에 충실하려고 애쓴 몸부림의 흔적들이 존재한다. 저자는 '롤링 스톤즈'가 50년 동안 추구해 온 '진짜'의 실체에 다가가기 위해 애쓴다. 결성 50주년을 맞은 지금도 구르기(rolling)를 계속하게 하는 힘. 이 책은 그 '힘'에 관한 이야기다.

127 안토니 가우디 아름다움을 건축한 수도사

eBook

손세관(중앙대 건축공학과 교수)

스페인의 세계적인 건축가 가우디의 삶과 건축세계를 소개하는 책. 어느 양식에도 속할 수 없는 독특한 건축세계를 구축하고 자연과 너무나 닮아 있는 건축가 가우디. 이 책은 우리에게 건축물의 설계가 아닌, 아름다움 자체를 건축한 한 명의 수도자를 만나게 해 준다.

131 안도 다다오 건축의 누드작가

임재진(홍익대 건축공학과 교수)

일본이 낳은 불세출의 건축가 안도 다다오! 프로복서와 고졸학력, 독학으로 최고의 건축가 반열에 오른 그의 삶과 건축, 건축철학에 대해 다뤘다. 미를 창조하는 시인, 인간을 감동시키는 휴머니즘, 동양사상과 서양사상의 가치를 조화롭게 빚어낼 줄 아는 건축가 등 그를 따라다니는 수식어의 연원을 밝혀 본다.

207 한옥

박명덕(동양공전 건축학과 교수)

한옥의 효율성과 과학성을 면밀히 연구하고 있는 책. 한옥은 주위의 경관요소를 거르지 않는 곳에 짓되 그곳에서 나오는 재료를 사용하여 그곳의 지세에 맞도록 지었다. 저자는 한옥에서 대들보나 서까래를 쓸 때에도 인공을 가하지 않는 재료를 사용하여 언뜻 보기에는 완결미가 부족한 듯하지만 실제는 그 이상의 치밀함이 들어 있다고 말한다.

114 그리스 미술 이야기

노성두(이화여대 책임연구원)

서양 미술의 기원을 추적하다 보면 반드시 도달하게 되는 출발점인 그리스의 미술. 이 책은 바로 우리 시대의 탁월한 이야기꾼인 미술사학자 노성두가 그리스 미술에 얽힌 다양한 이야기를 재미있게 풀어놓은 이야기보따리이다. 미술의 사회적 배경과 이론적 뿌리를 더듬어 감상과 해석의 실마리에 접근하는 또 다른 시각을 제공하는 책.

382 이슬람 예술

전완경(부산외대 아랍어과 교수)

이슬람 예술은 중국을 제외하고 가장 긴 역사를 지닌 전 세계에 가장 널리 분포된 예술이 세계적인 예술이다. 이 책은 이슬람 예술을 장르별, 시대별로 다룬 입문서로 이슬람 문명의 기반이 된 페르시아·지중해·인도·중국 등의 문명과 이슬람교가 융합하여 미술, 건축, 음악이라는 분야에서 어떻게 표현되었는지 설명한다.

417 20세기의 위대한 지휘자　`eBook`

김문경(변리사)

뜨거운 삶과 음악을 동시에 끌어안았던 위대한 지휘자들 중 스무 명을 엄선해 그들의 음악관과 스타일, 성장과정을 재조명한 책. 전문 음악칼럼니스트인 저자의 추천음반이 함께 수록되어 있어 클래식 길잡이로서의 역할도 톡톡히 한다. 특히 각 지휘자들의 감각 있고 개성 있는 해석 스타일을 묘사한 부분은 이 책의 백미다.

164 영화음악 불멸의 사운드트랙 이야기　`eBook`

박신영(프리랜서 작가)

영화음악 감상에 필요한 기초 지식, 불멸의 영화음악, 자신만의 세계를 인정받는 영화음악인들에 대한 이야기를 담았다. 〈시네마천국〉〈사운드 오브 뮤직〉 같은 고전은 물론, 〈아멜리에〉〈봄날은 간다〉〈카우보이 비밥〉 등 숨겨진 보석 같은 영화음악도 소개한다. 조성우, 엔니오 모리꼬네, 대니 앨프먼 등 거장들의 음악세계도 엿볼 수 있다.

440 발레　`eBook`

김도윤(프리랜서 통번역가)

〈로미오와 줄리엣〉과 〈잠자는 숲속의 미녀〉는 발레 무대에 흔히 오르는 작품 중 하나다. 그런데 왜 '발레'라는 장르만 생소하게 느껴지는 것일까? 저자는 그 배경에 '고급예술'이라는 오해, 난해한 공연 장르라는 선입견이 존재한다고 지적한다. 저자는 일단 발레라는 예술 장르가 주는 감동의 깊이를 경험하기 위해 문 밖을 나서길 원한다.

194 미야자키 하야오　`eBook`

김윤아(건국대 강사)

미야자키 하야오의 최근 대표작을 통해 일본의 신화와 그 이면을 소개한 책. 〈원령공주〉〈센과 치히로의 행방불명〉〈하울의 움직이는 성〉이 사랑받은 이유는 이 작품들이 가장 보편적이면서도 가장 일본적인 신화이기 때문이다. 신화의 세계를 미야자키 하야오의 작품과 다양한 측면으로 연결시키면서 그의 작품세계의 특성을 밝힌다.

eBook 표시가 되어있는 도서는 전자책으로 구매가 가능합니다.

(주)살림출판사
www.sallimbooks.com
주소 경기도 파주시 문발동 522-1 | 전화 031-955-1350 | 팩스 031-955-1355